Léonie Rouzade

VOYAGE

DE THÉODOSE

A L'ILE DE L'UTOPIE

PARIS

LACHAUD, ÉDITEUR

4, PLACE DU THÉATRE-FRANÇAIS, 4

1872

VOYAGE DE THÉODOSE

A L'ILE DE L'UTOPIE

IMPRIMERIE MODERNE (ASSOCIATION OUVRIÈRE — BARTHIER, D^r)
61, RUE JEAN-JACQUES-ROUSSEAU, 61

Léonie Rouzade

VOYAGE
DE THÉODOSE
A L'ILE DE L'UTOPIE

PARIS
LACHAUD, EDITEUR
4, PLACE DU THÉATRE-FRANÇAIS, 4
—
1872

VOYAGE DE THÉODOSE

A L'ILE DE L'UTOPIE

CHAPITRE Ier

LE NAUFRAGE

Théodose de son prénom, encadré de majesté, de favoris et se précédant de l'ample sphère de son ventre, glissait sur les flots à bord du *Poussah*, en route pour les Indes.

La mer était belle, l'équipage était tranquille, les passagers causaient.

Théodose, debout, regardait dignement

autour de lui; il y avait là des gens de la meilleure apparence et tous disposés à la sociabilité, mais Théodose pensait que le pouvoir primait toute valeur personnelle; aussi, dédaignant ses pairs, il alla s'incliner devant le capitaine du vaisseau, et comme il eut dit : « Mon roy, » il dit : « Capitaine, le vent me semble bon; » puis, lentement, il tourna la tête vers les passagers, espérant les trouver attentifs à contempler « le monsieur qui causait avec le chef. » Mais la société, divisée en petits groupes, pérorait, riait, discutait, chantait et n'avait l'air de s'occuper qu'à ses rires, qu'à ses péroraisons, qu'à ses discussions, qu'à ses chansons. Échec pour Théodose, mais non point défaite.

Cependant, le capitaine avait répondu sèchement : « Oui. » — Théodose, piqué, riposta : « Savez-vous, monsieur le capitaine, qu'il faut être né à votre métier pour y rester. Certes, je ne suis pas un efféminé, mais quand je pense à mon appartement de la Chaussée-d'Antin, à mes habitudes toutes parisiennes, je me dis qu'il faut n'avoir jamais vécu avec la civilisation pour s'accommoder de votre cage de bois. Je ne vous en honore que davantage, ajouta-t-il en s'inclinant, et il est fort heureux pour nous autres, gens de salon (il n'osa dire de cour), que quelques hommes aient conservé ces goûts simples. » Pendant ces derniers mots, le capitaine avait toisé Théodose. Théodose vêtu à la moderne fashion, drap fin, beau linge, cascade de chaîne et breloques s'ébattant à la ceinture, soleil de diamant ruisselant sur la main, haute taille, cinquante ans, pas de cheveux, la peau fraîche sanglée dans un hausse-col blanc, la face en plein de lune, pose de lauréat couronné, Théodose enfin tel sur le tillac que sur le boulevard des Italiens ou qu'au foyer intime de l'Opéra, Théodose s'épanouissait sous le regard du capitaine.

Mais tout à coup une brise passe, un nuage se présente, l'œil du capitaine quitte aussitôt Théodose pour interroger l'horizon; en moins d'une seconde, il a vu, il sait, et, s'éloignant avec promptitude, il commande et est obéi, avant même que Théodose, qui n'a rien compris à cette brusque sortie, ait repris sa pose naturelle. Comme les passagers se sont immédiatement tournés vers le capitaine, et que le capitaine a disparu en un clin-d'œil, tout le monde, sans préméditation, se trouve contempler Théodose resté incliné et béatement souriant. Théodose se redresse, la foule rit. Théodose, profondément choqué, hésite entre le méprisant et le superbe; pendant cette hésitation, la société a recouvré la politesse qu'un instant de surprise lui avait fait perdre, et personne ne semble plus voir Théodose. Lui, plus cambré en arrière que de coutume, se sourit à soi-même de pitié sur ces pauvres gens et, sifflottant une ariette, il clignotte d'un air suffisant à la nuée, tandis qu'avec une négligence toute impertinente, il braque sur elle son lorgnon.

Mais voilà qu'un éclair fait sa trouée; cette fusée, au milieu d'un ciel clair, semble à chacun l'effet d'un miroitement de l'œil; tous croient à l'illusion et nul n'en parle; cependant tous regardent attentivement le coin d'horizon soupçonné d'émeute. Second éclair, troisième éclair, nuée, tourbillon, coup de tonnerre, rafale et tout le tremblement, sans compter celui des passagers qui se regardent ébahis.

Théodose a laissé tomber son lorgnon, Théodose s'est rapproché, Théodose est maintenant pure nature. Il questionne avec intérêt, écoute avec attention, et apprend, pour la perte de son repos, que dans ces parages les tempêtes sont de la pire espèce.

Pendant ces quelques minutes d'angoisses incertaines, la tourmente s'est compliquée ; elle arrive avec la force exhubérante de sa constitution tropicale, air, soleil, oiseaux, mer, tout s'engouffre dans l'horrible cratère volant ; il semble que, partie de la nature, il doive la détruire tout entière.

Le vaisseau tournoie, balance, s'élève, retombe, disparaît, remonte, comme un fétu dans un bassin quand on y trouble l'eau.

. . . .

D'où est venue la tempête ? nul ne le sait. Où est-elle allée ? chacun l'ignore. Le ciel est aussi beau qu'avant, l'horizon n'a que du bleu, la lumière n'a que de l'or, rien n'est changé dans l'immensité, hormis cependant, pour les voyageurs, le moyen de la traverser, car le vaisseau ressemble à une coquille de noix, sortant de la pression du pouce et de l'index d'un hercule.

Le capitaine fait détacher les canots, on embarque d'abord les passagers. Prêt à descendre, Théodose se souvient tout à coup qu'il a dans sa cabine un coffre qui contient environ 200,000 francs en valeurs de toutes sortes, cette somme n'est pas sa fortune, à beaucoup près, mais elle est trop considérable pour se résoudre à la perdre. Que faut-il pour aller à la cabine, prendre le coffre et revenir? Deux minutes. Théodose sera le dernier à s'embarquer, au lieu d'être le premier, voilà tout.

Il court, arrive, se saisit du coffre, mais, dans sa promptitude, ses pieds s'embarrassent dans un obstacle; il tombe, se frappe la tempe et l'épouvante, en même temps que la commotion, aidant, il s'évanouit.

Cependant tout le monde est embarqué. La nuit ne tardera pas à venir, la prudence demande que l'on s'active, afin de naviguer de jour pour chercher la terre; d'ailleurs, le vaisseau peut à tout instant s'abîmer entièrement. Le capitaine, au moment de quitter le bord, hêle les passagers, s'il en reste ; on écoute, rien ne répond ; chacun le presse, chacun le réclame, il se décide et abandonne les restes mutilés du *Poussah*.

. . . .
. . . .

CHAPITRE II

L'ILE DE L'UTOPIE

Que s'est-il passé?

Théodose étend un bras, puis l'autre, puis tous les deux à la fois ; il se détire, bâille, ouvre les yeux à demi, les referme, regarde encore, la somnolence le dispute à une vague idée de réflexion ; en un mot, Théodose sent qu'il repose, et, par instinct, il laisse mollement aller le corps et la pensée ; il sent confusément un bien-être inexprimable ; il entrevoit une harmonie de teintes, de décorations, un ensemble enfin où tout concourt à établir une parfaite quiétude. Il se délecte dans cette impression et cherche à la maintenir, mais, par degrés, elle lui échappe, rien ne change pourtant ; seulement, au lieu d'une sensation indéfinie, c'est une réalité qui se forme : les images prennent consistance, les objets se dessinent nettement, et, plus Théodose s'efforce de rester engourdi, plus la réalité l'empoigne. Son regard, d'abord inconscient, devient curieux, puis étonné, puis stupéfait ; bientôt les yeux sont ouverts jusqu'à l'écarquillement, la bouche a suivi le mouvement des yeux, et Théodose est là béant, et il y reste, la pensée seule va son train.

C'est extraordinaire, songe-t-il. Comment, je suis dans un lit! Ma main touche le drap! Pourtant, je devrais être dans l'eau. C'est une vision, sans doute ; j'ai le délire. Tout à l'heure, je vais couler à fond. Quel malheur! Et dire que je n'ai jamais si bien reposé de ma vie!... Mais est-ce que j'aurais rêvé que je me suis embarqué? Sans doute, je suis chez moi ; mon voyage était un rêve. Ah! quel cauchemar!... Pourtant, c'est très-

drôle, je ne vois rien ici que je connaisse !
ces rideaux sont en dentelles, les miens
sont en damas, et puis, voilà des meubles
tout particuliers, je n'en ai jamais vu de
semblables ; voyons, ma sonnette ? Non,
non, elle n'y est pas ! Rien ne se retrouve ;
je ne suis ni chez moi, ni à bord, ni à la
mer. Qu'est-ce que cela signifie ? Ah ! je suis
perdu ! D'ailleurs, je suis très-certain de
m'être embarqué, et puis ce naufrage...
Tout à l'heure, je vais sentir l'humidité ; je
suis sur une planche, je vogue et je rêve...
Oh ! je vais me lever, me réveiller, je ne
veux pas rester comme cela ; ma tête se
détraque. Si je fonce, eh bien, je foncerai.

Théodose écarte vivement la couverture ;
en même temps, un panneau de la boiserie
tourne silencieusement et dans l'encadre-
ment apparaît un homme vêtu d'une manière simple et élégante ; il n'a rien du tout,
ou plutôt une sorte de pagne fort riche com-

pose à lui seul le détail et l'ensemble de sa toilette. La physionomie de cet homme est si cordiale, si franche, que, sans analyser ses traits, il semble beau et est sympathique d'emblée.

Théodose et lui se regardent, l'inconnu sourit, mais l'étonnement de Théodose est tel, qu'il est incapable de la moindre articulation. L'inconnu, toujours souriant, avance près du lit, s'arrête à une petite table placée au chevet et sur laquelle il y a un service, puis il verse dans une coupe un liquide doré qui ressemble fort à du vin, et dans un bol une succulente crème que n'aurait point renié une vache normande ; ceci fait, il prend d'une main la coupe, de l'autre le bol, et présente les deux à Théodose.

Théodose, gagné par une confiance involontaire, choisit machinalement le liquide pourpré; aussitôt l'inconnu repose le bol, et s'emparant d'une autre coupe, il y verse une rasade pareille ; puis, levant le verre en signe de salut, il le vide d'un long trait.

Théodose, tout à fait subjugué, imite parfaitement, et quand il abandonne la coupe vide que reprend l'inconnu, il semble satisfait de ce qu'il a bu. Alors l'homme au pagne fait le simulacre de reverser. Pour le coup, la face de Théodose se détend, il sourit et porte assez plaisamment le doigt à son front, en manière d'exprimer une crainte. Là-dessus, le compagnon de Théodose remue la tête, imite un air étonné et finalement conclut en se renversant le chef sur l'épaule, tout en dégageant un ronflement accentué.

« Non, c'est assez » dit Théodose en riant franchement ; puis il reste court devant la réflexion qu'on ne peut le comprendre, et le voilà qui s'escrime à une aimable pantomime. Mais à peine a-t-il commencé, qu'il entend une voix sonore prononcer distinctement : « Ah! il parle comme moi!

— Comment, dit Théodose stupéfait, vous me comprenez?

— Mot pour mot, répond l'inconnu.

— Mais où suis-je donc?

— Dans l'île de l'Utopie, ami voyageur.

— Dans l'île de l'Utopie! Qu'est-ce que cela? Ou est-ce? Quel pays êtes-vous?

— Nous sommes un pays, un pays est un pays, et tous les pays sont des pays.

— Oui, mais dit ironiquement Théodose, vous appartenez à quelque peuplade?

— Nous faisons partie, répond l'habitant, de toutes les peuplades que nous rencontrons.

— Sans doute, répliqua Théodose impatienté, mais enfin il y a des noms pour distinguer les différents endroits de la terre, et vous avez un nom?

— Et qui a donné ces noms, ami?

— Mais nous, répond Théodose; d'autres enfin, n'importe qui, des hommes!

— Alors, c'est à toi à me dire le nom que je dois porter.

—La chose est plaisante. Comment veux-tu que je le sache en tombant là des nues?

— Et comment moi, ami voyageur, veux-tu que je sache le nom que là-bas il t'a plu de me donner? Et puis, enfin, pourquoi un mot particulier et insignifiant a-t-il pour toi tant d'importance? Appelle comme tu voudras les quartiers du globe, les en changeras-tu pour cela? Veux-tu savoir où tu es? Interroge la nature, elle te fera, à toi comme à tous, la même réponse. Tiens, » ajouta-t-il en écartant vivement une épaisse draperie.

Une trouée de lumière sans nom possible envahit la chambre. On eut dit des flammes volatilisées, ou que l'atmosphère était composée d'impalpables diamants. Ces reflets semblaient contenir en eux la source de la vie et simplement cacher l'enfantement du monde; puis, enveloppée dedans comme dans une parure, une création capricieuse jusqu'à l'infini, splendide jusqu'au gigantesque, plus qu'un rêve, une extase; non pas l'admiration du merveilleux, mais l'étreinte de l'inconnu, de l'inimaginable, de l'incréé, et, embrassant tout cela, un horizon de mer sans fin; c'était l'arrêt, car l'entraînement irrésistible était de marcher jusqu'au bout, pour voir d'où la vie partait.

« Eh bien ! ami, dit l'habitant, mon pays est le voisin du soleil, comme tu vois; appelle-le comme tu voudras, ce sera toujours une traduction, va.

— Oh !... que c'est beau, que c'est beau ! dit Théodose.

— Eh bien ! lève-toi, puisque te voilà remis, et tout à l'heure nous te mènerons sous ces grandes ombres que tu vois là-bas.

— Mais, dis-moi, demanda Théodose, comment se fait-il que je sois ici ? Si je ne me trompe, il y a quelques heures, j'étais sur un vaisseau, la tempête l'avait brisé, et comme je voulais prendre quelque chose dans ma cabine, je suis tombé. Depuis ce moment-là, je ne me souviens plus de rien. Est-ce donc que l'on m'a porté sur le canot et que nous sommes débarqués ici ?

— Non, ami ; c'est nous qui avons aperçu après la tempête un point noir sur la mer ; nous nous sommes doutés que c'était un vaisseau, et plusieurs habitants de l'île ont voulu aller à sa rencontre pour voir s'il était perdu ou simplement de passage. C'est ainsi qu'on t'a trouvé évanoui et qu'on t'a transporté ici. Maintenant, tu te réveilles.

— Il y a longtemps ? dit Théodose.

— Une nuit entière. On t'a pris hier soir, et nous sommes au matin.

— Et mes pauvres compagnons, que sont-ils devenus ?

—Tu peux être tranquille sur leur compte. Nous avons aperçu de loin une embarcation, et comme ces parages sont parsemés d'une quantité innombrable d'îles, tes compagnons ont abordé, d'autant plus que le temps a été calme toute la nuit.

— Mais ne leur arrivera-t-il pas malheur?

— Quel malheur ?

— Dam ! fit Théodose gêné, on ne les connaît pas... Si on ne prends pas intérêt à eux... Quand on est étranger...

— Je ne te comprends pas, dit l'habitant avec sévérité ; quand on est nouveau, on fait connaissance, voilà tout.

— C'est vrai, c'est vrai, se hâta de répliquer Théodose. Eh bien, dis donc, je vais me lever, puisque tout a si bien fini. Maintenant que j'ai l'esprit tranquille, j'ai assez du repos.

— C'est cela, lève-toi, on t'a attendu pour manger, parce que nous avons pensé que tu te réveillerais bientôt. Tiens, voici un vêtement que ma femme t'envoie ; ce sont mes filles qui l'ont brodé. Là-dessus, l'habitant déroula une magnifique pièce de cachemire blanc agrémentée or et pourpre.

— Comment? dit Théodose rougissant.
— Hein ! quoi? demanda l'autre.
— Mais je serais tout nu, ajouta timidement Théodose.
— Ah ! je comprends ; tu as l'habitude d'être couvert jusqu'au menton, mais ici il fait trop chaud, ami ; tu ne pourrais rien endurer. Tout le monde est comme moi, et tu vois, j'ai un vêtement pareil au tien. Mets-le sans crainte, ne t'inquiète pas.»

Pendant ce colloque, Théodose pensait à

part lui : Si j'avais vingt ans, je ne demanderais pas mieux que de me contenter de cette méchante ceinture; mais maintenant, avec mon gros ventre, pas de cheveux, non, je ne veux pas. Malgré lui, il voyait en perspective la femme et les filles de son hôte, et il se refusait à se présenter ainsi devant elles.

« Non, vois-tu, dit-il tout haut, je suis frileux, et puis mes vêtements sont légers ; je t'assure qu'ils ne me gêneront pas.

— Essaye, puisque c'est ton idée, répliqua l'hôte. »

Puis, indiquant à Théodose la destination de chaque pièce du mobilier, il lui montra un panneau mobile qui s'ouvrait sur un cabinet, bain et lavabo de marbre. On tournait un robinet en haut, l'eau coulait ; un autre en bas, l'eau s'écoulait. Toilette avec tous ses ustensiles, glace de plein-pied jusqu'au plafond, linge fin pour s'essuyer, un confortable enfin qui eût donné envie d'être propre. Et ayant ainsi initié Théodose aux secrets qui faisaient mouvoir chaque chose, il le laissa seul, en lui recommandant de venir le plus tôt possible, car on l'attendait.

CHAPITRE III

LE DÉJEUNER

Théodose se leva et s'alla regarder à la glace ; il se trouva bonne mine. Satisfait sur ce point, il examina vivement le mobilier. C'était, ma foi, fort riche et fort bien compris, ce qui fit que, sans plus délibérer, il s'embarqua bravement dans le détail de sa toilette; mais les soins les plus minutieux eurent beau y présider, Théodose ne put escamoter le fripé du col de chemise, et quel malheur c'était pour un homme comme lui, habitué au linge immuable de raideur et éblouissant de netteté. Cependant, nul moyen d'y suppléer, la chemise ne florissait pas dans l'endroit, elle y était même ignorée ; Théodose pensait bien à sa garde-robe perdue, mais cela ne remédiait à rien, aussi, obligé d'en prendre son parti, il jeta un dernier coup d'œil sur sa personne, repassa encore une fois entre ses doigts le linge chiffonné, et, à moitié sûr de lui-même, il ouvrit la porte par laquelle était sorti son hôte.

Quatre personnes se présentèrent immédiatement à sa vue : l'homme avec qui il avait déjà fait connaissance, une femme et deux jeunes filles. Ces trois femmes étaient douées de physionomies on ne peut plus aimables; leur taille était belle et naturellement majestueuse ; leurs costumes riches et vivaces en couleurs laissaient à découvert le cou, les bras, et les jambes presque jusqu'aux genoux; les cheveux, très-beaux et très-soignés, étaient relevés au sommet de la tête, à cause de l'excessive chaleur ; des perles, des plumes et des fleurs agrémentaient les vêtements et la coiffure, mais tous ces ornements étaient disposés avec goût et sans surchargement.

Aussitôt que Théodose apparut sur le seuil, l'homme et la plus âgée des trois femmes vinrent à sa rencontre, et, lui prenant chacun une main, le conduisirent avec sollicitude à la table dressée au milieu de la salle. Une des deux jeunes filles avança un siége, l'autre le présenta gracieusement de la main, et Théodose s'assit, remerciant toutes ces personnes empressées à le servir.

« Là, dit l'hôte en s'asseyant en face avec les deux jeunes filles à ses côtés, tandis que la dame prenait place près de Théodose, là, maintenant partageons le plat. Qui prend place à la table prend place à la famille, un même pain va nous nourrir, qu'une même amitié nous unisse. Salut à notre ami ! ajouta-t-il en présentant un verre plein à Théodose, et chacune des personnes présentes ayant pris en même temps un verre, toutes répétèrent cordialement : Salut à notre ami !

— Je vous salue à mon tour, dit Théodose interdit, je vous salue et je vous bénis... je... sa pauvre langue ne put achever, il était confondu.

— Allons, dit joyeusement l'hôte, mangeons, tu dois avoir faim, et je t'avoue que nous avons été généreux en t'attendant, car il y a là des estomacs toujours sur le qui-vive. Ce disant, il donna à gauche et à droite une petite tape sous une paire de mentons.

— Voilà papa qui veut faire accroire qu'il ne pense pas comme nous à manger, dit la voisine de gauche à la voisine de droite, et, riant espièglement, les deux gracieux visages se rapprochèrent jusque sous le nez du chef. Celui-ci se mit à rire.

— Hé bien, mes filles, dit gaiement la dame à côté de Théodose, si vous vous mettez à table avec ces dispositions de charité, que sera-ce donc, je vous prie, à la fin du repas ?

— Ma bonne mère, répondit une des deux espiègles, c'est pour avoir occasion d'embrasser papa ; nous le fâchons, nous le disputons, et il nous pardonne. Pendant cette riposte, la voisine mettant à profit l'idée de sa sœur, embrassait avec effusion la joue paternelle qui était de son côté, ce que voyant, la plaideuse se pencha vivement sur l'autre joue mitoyenne et y déposa un sonore baiser.

Théodose regardait, mais tous ces gens étaient si vifs, si simples, si naturels, qu'ils ne laissaient point prise à l'observation. Cependant, l'hôte, tout en riant et causant, avait découpé une magnifique pièce de gibier; il présenta le plat à Théodose, et pendant que celui-ci se servait, sur l'invitation générale, les jeunes filles s'occupaient du service en véritables ménagères ; elles présentaient au père et à la mère différentes sortes de hors-d'œuvre, coupaient le pain, entretenaient l'ordre sur la table.

Bientôt, chacun eut fait son choix, et les mâchoires s'ébranlèrent avec une convenable activité.

Durant les premiers moments, ce ne fut que : « prenez donc ceci, goûtez donc cela, merci, non, passez-moi du pain s'il vous plaît, mais vous ne buvez pas; » enfin juste assez de mots pour se faire entendre, pas assez pour interrompre la solennelle opération. Le premier appétit passé, Théodose se renversa sur sa chaise, et, tout en examinant la belle et vaste salle où il se trouvait, il fit entendre une exclamation de contentement. Comme à un signal, chacun répondit à sa manière : « Ah! j'avais faim, dit la mère; et moi, et moi, dirent trois autres voix.

— Votre cuisine est vraiment excellente,

madame, dit Théodose en s'adressant à sa voisine.

— Je suis charmée qu'elle vous plaise, monsieur, répondit celle-ci, du reste vous deviez avoir bon appétit, et c'est un fameux assaisonnement.

— Il est de fait, madame, que je n'ai pas mangé depuis hier midi... le milieu de la journée, ajouta-t-il en manière d'explication.

— Parfaitement, monsieur, nous comprenons tout ce que vous dites.

— Mais, demanda Théodose en regardant tout le monde, comment se fait-il que vous parliez exactement comme moi.

— Il y a nombre d'années, répondit l'hôte, un de nos jeunes gens profita d'un vaisseau, qui avait relâché sur ces côtes, pour satisfaire une humeur voyageuse qui tenait de l'excès, de la manie. Il parvint à obtenir d'être emmené, et, plus tard, ennuyé du pays, il nous revenait avec une cargaison de livres, d'instruments de toutes sortes. Naturellement on s'arracha le voyageur, c'était à qui lui ferait conter quelque chose ; aux simples, il disait des balivernes, mais aux savants il expliquait des points nouveaux, et, comme on prit confiance en lui, on lui donna bientôt les moyens d'exécuter ce qu'il expliquait.

Toutes ses entreprises réussirent si bien, que la population, sur l'initiative de quelques-uns, déclara que pour honorer le génie de la nation où s'était enseigné notre compatriote, on n'aurait désormais d'autre langage que le sien. Aussitôt on pria le voyageur de former des élèves dans la langue qu'il avait apprise, afin qu'à leur tour ceux-ci devinssent professeurs, et la chose fut exécutée avec tant d'enthousiasme que, quelques années après, l'idiome originel n'était plus qu'un souvenir. Ami, ajouta l'hôte, tu parles cette langue, c'est donc les tiens que nous honorons.

— J'en suis profondément touché, dit Théodose avec sentiment; puis il ajouta : me voilà comme dans mon pays.

— Absolument, répondit l'hôte, il ne te manque que tes plus proches, nous allons boire à leur santé ; ton verre, ami. A propos, quel est ton nom? Moi, je me nomme Verdin.

— Verdin, répéta Théodose, tiens, ce nom !

— Comment ! ce nom, fit l'hôte; Verdin ne vaut-il pas Polycarpe, Barnabé, Chrysostôme ?

— Oui, mais Verdin est une fantaisie ; pourquoi pas aussi Jaunet, Bleuâtre, Noirot ?

— Nous avons en effet des jaunes, des bleus, des blancs.

— Vous avez des jaunes, des bleus, des blancs? Mais alors vous avez des rouges, des pourpres? Peut-être même des commu... Théodose n'acheva pas; sa bouche resta ouverte, son œil demeura fixe et tous ses muscles contractés exprimèrent la plus terrible épouvante.

— Comment, dit Verdin, que signifie cette terreur pour un nom plutôt que pour un autre?

—Malheureux! s'écria Théodose, est-ce que le nom n'est pas à lui seul le personnage, et est-ce que je puis être tranquille au milieu d'individus qui portent des noms de sang? et Théodose tressaillit

— Il est fou, pensa tout haut Verdin. Voyons, ami, dit-il avec compassion, tu n'as pas tes idées à toi; c'est le restant de ta secousse. Comment veux-tu qu'un nom signifie quelque chose, puisqu'on le donne à l'enfant, alors qu'il naît et qu'on ignore ce qu'il sera plus tard. Au lieu de syllabes insignifiantes, nous recevons quelquefois des dénominations de choses, d'oiseaux, de plantes. Ma mère trouvait le printemps au-dessus de tout, ma mère m'a appelé Verdin; ainsi des autres.

— Ah! dit Théodose qui avait écouté avec anxiété, ah! mon cher Verdin, je t'embrasserais! Ah! chers amis, dit-il avec effusion, que je suis heureux d'être parmi vous. Mais, j'y pense, je ne vous ai pas dit mon nom : je m'appelle Théodose et je veux l'écrire moi-même dans quelque coin, pour que vous vous souveniez de moi. Chère madame, continua-t-il en se tournant vers sa voisine, permettez que je baise cette belle main, qui m'a servi le meilleur et le plus agréable des repas.

— Cette main eût été chercher votre famille, si cela eût été possible, dit la dame avec une expression d'ineffable bonté.

— Ma famille est là où je suis traité en

frère, madame; j'ignorais la mienne jusqu'à ce jour. Aujourd'hui, j'ai fait connaissance avec elle et je l'aime.

— Tant mieux, si votre cœur est d'accord avec ce que vous dites, au moins nous vous adoucirons le regret des chers absents.

— Quels absents? madame.

— Mais votre femme, vos enfants, je ne sais. Seriez-vous seul?

— Tout seul, madame.

— Ah! notre ami, dit la dame avec émotion, quoi, vous avez perdu!... Pardonnez-moi d'avoir rappelé ces souvenirs.

— Vous ne m'avez rappelé aucun pénible souvenir, madame; j'ai perdu, il est vrai, mon père et ma mère, mais ils étaient très-vieux, et je ne pouvais espérer les garder plus longtemps. Un tel souvenir fait penser, mais ne rend point triste.

— Mais votre femme, vos enfants?

— Je n'en ai point, madame, dit Théodose en souriant.

— Point d'enfants ?

— Ni de femme.

— Point de femme! Elle est donc morte !

— Nullement; je n'en ai jamais eu.

La dame et Verdin se regardèrent.

— Maman, dirent les deux jeunes filles, profitant de cet instant de silence, faut-il servir le café ici ou prévenir nos amis que nous le prendrons avec eux.

— Cela dépend de notre ami, dit la mère. Et se tournant vers Théodose, monsieur, ajouta-t-elle, les personnes qui accompagnaient mon mari alors qu'on vous a transporté ici ont, tout comme nous, le désir de vous être agréable; seulement, comme la liberté est la meilleure hospitalité, il est bien entendu que ce qui vous rendra heureux nous rendra heureux également. Préférez-vous vous reposer seul ou accepter l'invitation?

— Madame, dit galamment Théodose, je suis ici en trop aimable compagnie, pour avoir le goût de la solitude ; d'ailleurs, en entourant de soin un inconnu, vous lui avez appris à aimer ses semblables. J'accepte.

— Mes enfants, dit la mère, allez avertir la famille ; vous ne reviendrez pas, c'est inutile. Tout à l'heure, nous vous rejoindrons à la source, comme d'habitude.

Sur ces mots de leur mère, les deux jeunes filles se levèrent, embrassèrent leurs parents et s'éloignèrent avec vivacité.

CHAPITRE IV

DISCUSSION ORAGEUSE

— Ce sont vos enfants? demanda Théodose. Quelles sont charmantes!

— C'est toute notre vie, dit le père en regardant sa femme; celle-ci tendit la main à son mari, et tous deux, tournant les yeux vers Théodose, semblaient le plaindre. Ainsi, vous êtes seul, reprit Verdin, ni enfants, ni femme, rien. Quelle existence! N'avez-vous donc pu trouver de compagne à votre choix?

— Je n'en ai jamais cherché, répartit paisiblement Théodose.

Verdin réfléchit, puis tout à coup, comme éclairé :

— Je devine, dit-il; vous faites partie de

ceux qui font vœu de nullité. Notre voyageur nous en a parlé. Si j'ai bonne mémoire, on appelle ces gens *prêtres* ou *moines*. Mais ami, continua Verdin avec une intonation grave, comment pouvez-vous croire honorer la nature, en tenant à honte l'œuvre qui vous a donné la vie ? Si créer est coupable, la nature est donc éternellement coupable, alors qu'elle crée et toi et tout ce qui est. Puis, étant admis que développer l'existence est un crime, comment osez-vous développer votre vie par la nourriture et les soins, car s'il est indigne de donner l'existence aux autres, il est forcément indigne de recevoir cette existence pour soi-même. Il n'est que le goujat qui empoche et garde tout pour lui.

— Vous êtes prompt à la dureté, dit Théodose en colère.

— La mine saute en proportion de ce qu'on y met de poudre, ami. Je te vois au déclin de ta carrière, gras, frais, vivace comme un chêne en pleine forêt, et toute cette vie accaparée, tu ne l'as employée qu'à en faire un néant, rameau poussé sur le genre humain; tu veux arrêter l'être à toi et tu t'étonnes que je m'indigne?

— Si tu m'avais laissé parler, tu n'aurais point eu à t'indigner : je ne suis point moine, je suis garçon.

— Tu es garçon; mais cela va sans dire! Que penses-tu donc que je croie?

— Je te dis que je suis resté garçon parce que cet état me convient.

— Tu est resté garçon! répéta Verdin avec stupéfaction; est-ce donc que l'on devient fille?

— En vérité, dit Théodose, tu es par trop naïf ou tu le fais exprès. Quand je te dis que je suis resté garçon, cela veut dire que je ne me suis point marié; n un mot, je ne suis point en ménage. Comprends-tu maintenant ?

— Eh bien! alors quelle différence y a-t-il entre toi et le moine.

— Il y en a une fort grande, dit Théodose en riant. Le moine vit dans sa cellule ou, du moins, est forcé d'y vivre, tandis que moi, je m'ébats pour toute la société.

— Oui, mais tu y vis seul.

— Seul! répéta Théodose, d'un ton passablement suffisant; seul, c'est comme on veut bien l'entendre. J'ai laissé quelques regrets à mon départ. On pense à moi en plus d'un lieu.

— On, qui, quoi? fit Verdin impatienté.

— Eh mais, reprit Théodose à bout, faut-il te mettre les points sur les i, veux-tu que je te conte mes fredaines devant madame.

— Ah ça, prononça lentement Verdin, se parlant presque à lui-même, est-ce donc que tu vis là ou tu passes comme le voyageur qui prend l'ombre sous un arbre, se raffraichit et s'en va ; tu assimiles la créature à la chose, et on tolère chez toi qu'un être vive seul au milieu d'êtres unis ?

— Et qui donc pourrait m'obliger à me marier?

— Mais la loi morale, la nature et son exécuteur, quand l'homme n'y souscrit pas de lui-même : la société.

— Oh ! je satisfais à cette loi, dit en ricanant Théodose ; j'épouse toutes les belles qui veulent bien de moi.

— Ne ris pas! exclama impérieusement Verdin ; puis il ajouta tristement : Au fait, quels reproches puis-je te faire, et à quoi serviraient-ils? Pour vivre ainsi, ne faut-il pas être incapable de sentir, et alors comment mes reproches pourraient-ils te toucher? Je n'ai qu'à te plaindre.

— Cette scène est parfaitement ridicule, riposta Théodose, outré de dépit ; chacun est libre, je suppose, et s'il convient à quelques-uns d'être célibataire, en quoi cela regarde-t-il les autres ?

— En rien, tant que le célibataire vit en pure unité avec lui-même, qu'il s'isole dans un « moi » absolu ; mais le jour où son être est devenu un « nous », ce jour-là, l'individu, la famille, la société, enfin le groupe entier, a droit sur l'être individuel qui s'est allié à eux en la personne d'un des leurs. Si, indignité ou faiblesse, il plaisait à l'individu d'accepter un outrage, il ne saurait convenir à la famille de le supporter ; et si la famille, comme l'individu, était indigne ou faible, la société alors, c'est-à-dire les autres familles, obligerait chacun à rentrer dans le devoir.

— Tu oublies, ami Verdin, que chacun a le droit de sa personne, et que homme et homme ne peuvent prétendre à l'obéissance l'un de l'autre ! Si tu dis : Je ne veux pas, moi ton semblable, je répondrais : Je veux. Est-ce que l'homme pourrait tout à la fois être libre et ne l'être pas ? Fais donc attention dans quel gâchis tu t'enfonces.

— As-tu bien résumé tous tes arguments, n'en as-tu point encore quelqu'un en réserve ?

— T'en faudrait-il davantage, par hasard ?

— Non, je les crois suffisants ; aussi, quand je t'aurai démontré qu'ils sont inefficaces, j'espère que tu seras convaincu. Mais bois donc ! Moi, j'ai la langue sèche à force de bavarder. A ta santé ! Je continue : On est libre, c'est-à-dire on a tous les droits, et rien que des droits tant qu'on vit seul ; mais dès qu'on touche en quoi que ce soit à la société, on appartient à cette société, on est solidaire, on a des devoirs, et il n'y a qu'une société malhonnête qui puisse tolérer parmi elle des individus malhonnêtes. Nul ne peut t'empêcher d'être ce qu'il te plaît ; mais si tu veux vivre avec les autres, il faut être ce qu'il leur plaît ; autrement, prends ton bagage et t'en vas ; car, il ne se peut qu'on impose aux gens sa volonté Comprends-tu cela, cher Théodose ?

— Pas trop ; ainsi, il me faudra donc être l'esclave de tous ! Et tous, de qui seront-ils l'esclave, je te prie ?

— Tous qui s'accordent vivent à leur gré, et toi qui t'opposes, tu vas vivre là où il te convient le mieux.

— Mais si nulle société ne me convient ?

— Dans ce cas, tu es l'exception, et comme l'exception est l'isolement, l'isolement ne peut rien contre la masse.

— Eh bien ! qu'est-ce que je te dis ? Me voilà assujetti pour toute ma vie.

— Si tu es l'exception unique, oui ; mais s'il y a un petit nombre qui pense comme toi, qui vous empêche de fonder une colonie?

— Comment, qui nous empêche ? Mais tout le monde, et même nos intérêts propres.

— Je n'y suis plus. Voyons, qui veux-tu qui t'empêches ? Est-ce que la liberté de ceux qui te repoussent n'assure pas ta propre liberté ? Et quant aux intérêts généraux, est-ce qu'ils cessent parce que les associés se séparent ? Telle organisation ne plaît pas, on fonde une maison nouvelle ; est-ce que pour cela le commerce en va moins son train ? Le genre humain est la grande raison sociale, et peuples et groupes en sont simplement les divers commanditaires qui, chacun, exploitent la vie comme ils croient le mieux.

— Mais, ami Verdin, il y a réellement le bon et le mauvais, et peut-on laisser agir les gens comme ils veulent, alors qu'ils font mal.

— Mon cher Théodose, il y a au-dessus

de tout la liberté, il y a au-dessus de tout : l'homme, contre lequel l'homme ne peut rien. Comme tu le disais tout-à-l'heure, si je veux te faire bon, toi, tu peux prétendre me faire mauvais, et cela sera aussi juste, car dès que je touche à toi, tu peux toucher à moi.

— Alors, il faut tout laisser faire ?

— Il faut ne rien laisser faire, autrement on perd sa liberté ; mais la liberté s'arrête à ne point tolérer parmi soi ceux qui veulent nous absorber ; tu veux m'imposer ta manière d'être ; moi, pour la repousser, je t'exclus. Quoi de plus équitable ?

— Mais où irais-je, si nulle part il n'y a de société où je puisse être heureux ?

— Eh bien ! te dis-je, associe-toi avec ceux de ton parti et vivez en paix sans plus souci si les autres vivent autrement.

— Mais, trop naïf Verdin, où aller vivre ?

— Là où vous trouverez, n'importe où ;

il ne manque pas de place inoccupée sur terre.

— Et qui donnera cette place ?

— Et qui donc la refuserait ?

— Mais, le gouvernement, le propriétaire.

— Est-ce que ce qui est inculte appartient à quelqu'un !

— Tu es bien sauvage ou bien borné, mon cher Verdin, si tu ignores les premières notions réglementaires ; voyons, est-ce que la terre n'appartient pas aux riches ?

— La terre appartient au travail, voilà ce que je sais, ami Théodose, et chez nous, tout ce qui n'est pas en rapport est le lot de qui veut s'en occuper.

— Chez vous ! Mais est-ce que vous êtes comme les autres ?

— Nous ne sommes point, en effet, comme les tiens, s'ils sont ce que tu dis, répliqua sévèrement Verdin. Nous ne voulons pas que l'être soit un objet de récréation ou de travail, et, si nous ne pouvons ni ne voulons toucher aux autres, du moins nous ne souffrons ni parasite ni despote qui nous absorbent. Chez nous, qui veut un être à soi se marie ; qui veut une famille, reconnaît nos lois ou s'en va ailleurs en fonder d'autres.

— Et ta haute moralité s'accommode qu'à côté de toi il y ait des êtres qui vivent en brute de cynisme et de débauche.

— Les grands mots remplacent souvent chez toi la pensée, ami Théodose. Ma haute prudence, que tu as oubliée, m'enseigne qu'on n'établit rien par force. Je laisse donc les vicieux user leurs vices, et ma haute moralité est là qui les reçoit quand il leur plait de revenir. Sois tranquille, les vicieux ensemble se dégoûtent en peu de temps.

— Il serait mieux qu'il y eut harmonie.

— Et pourquoi veux-tu qu'on se soumette à toi et non toi à autrui ; le « je veux » n'est réellement possible que pour soi ; je veux que l'homme aime l'homme, donc je l'aime, voilà tout mon pouvoir. Si tu veux l'harmonie, prends les goûts des autres.

— Vraiment, cela est superbe ! dit Théodose d'un petit air moqueur. Et c'est ainsi que l'on agit chez vous ?

— Mais oui.

— Chez nous, ce n'est pas tout à fait pareil, mais cela ne doit pas te gêner puisque nous ne sommes pas chez toi.

— Il me révolte toujours d'entendre dire que les hommes vivent comme des animaux qui se prennent et se quittent, et dont le plus fort mange le plus faible ; et si nous chassons de pareils êtres quand chez nous ils veulent vivre ainsi, nous ne saurions les approuver alors que simplement on nous en parle ; après notre exclusion, il y a encore notre mépris.

— Quelle rage de s'occuper des autres. Parce qu'on ne vit pas comme vous, on est méprisable ?

— Méprise-nous également, si tu le veux ; qui t'en empêche ?

— A quoi cela avancerait-il ?

— A ce que celui-là seul qui a conscience de son droit persévérerait. Ami Théodose, le progrès ne s'est pas fait par les étoiles ; c'est parce que les uns tentent éternellement d'améliorer les autres que l'espèce humaine se perfectionne. Or, est-il de moyen plus digne que le blâme ? Ta liberté et la mienne sont respectées ; je trouve tes agissements mauvais, simplement je le dis ; si bon te semble, tu persistes, et moi je persiste à blâmer.

— Mais, mon pauvre Verdin, chez nous il y a des conditions sociales que tu ignores.

Ainsi, la pauvreté empêche souvent bien des gens de se marier.

— C'est le plus grand des malheurs, et vous le devez aux riches.

— Comme cela, c'est le riche qui est la cause de tout le mal ?

— Ce n'est pourtant pas le chien du voisin. S'il y a des hommes exclus de tout, il faut bien que ce soit d'autres hommes qui les aient exclus. Réfléchis : qu'est-ce que peut un homme ? Rien de plus que le travail d'un homme. Donc, si un possède le produit qui a nécessité le travail de plusieurs, c'est que cet un a pris la part de ceux-là, ou par ruse ou par force, et tu vois bien que les dépourvus sont la conséquence forcée de ceux qui regorgent.

— Vous êtes des partageux !

— Oui, certes ; puisque c'est la masse qui produit, il ne peut convenir que ce soit quelques-uns seulement qui empochent. Le gain doit légitimement se partager entre tous ceux qui l'ont édifié. Est-ce que par hasard tu n'aurais pas encore compris que hors les partageux, il ne peut y avoir que les accapareux de travail et les gardeux de profit? Les partageux sont donc les seuls justes.

— En voilà des rêveries; est-ce qu'il est possible qu'on fasse les parts égales à chacun, est-ce que l'on sait seulement combien d'individus entrent dans la base d'une fortune; mais on ne pourrait s'y reconnaître.

— Et l'association, mon cher, tu ne connais donc pas ça, voilà quelque chose qui simplifie les rouages.

— Belle invention! On est enrégimenté. En voilà de la liberté!

— Dis donc, dis donc, cher Théodose, il faudrait être plus conséquent avec toi-même. Est-ce que tu crois que c'est la liberté quand le travailleur laisse forcément son nécessaire à un autre qui en fait son superflu.

— Nous ne nous entendrons jamais, brisons-là.

— Soit, mais je tiens à te dire encore deux mots. Tu dis qu'on n'est pas libre dans l'association. Rien ne change cependant au fonctionnement habituel, le travail, sous un nom ou sous un autre, est toujours le travail, et l'association existe toujours, car que ce soit le patron qui emploie des ouvriers pour lui seul, ou que ces mêmes ouvriers travaillent les uns pour les autres, c'est toujours l'association; il n'y a que la question de rétribution qui cesse d'être la même. Avec le gardeux de profit, qui est le patronat, on touche le bon vouloir; avec le partageux, qui est l'association simple, on reçoit sa part. Un de dix touche un dixième, et ainsi de suite; c'est une question de chiffres. Et si je voulais ajouter, je dirais que puisque le travail est la raison d'être de l'homme, il n'y a rien qui puisse jamais le lui supprimer, et que la seule manière qu'ait l'homme d'être libre, c'est de faire de ce travail un gain. Or, l'association seule donne ce gain, donc l'association seule donne la liberté. Traduction libre : les gardeux de profit sont des spéculateurs d'espèce humaine ; les partageux, les émancipateurs de l'espèce humaine.

— Je ne suis étonné que d'une chose, mon cher Verdin, c'est qu'avec ce bel enthousiasme d'association, vous ne mélangiez pas la nourriture. Pourquoi donc est-ce que vous laissez le vin séparé et chaque aliment de même? Moi, à votre place, je ferais de tout cela une pâtée sociétaire.

— C'est bien, en effet, ce que vous faites et moi, mon cher Théodose. Votre estomac reçoit les plats qui lui conviennent, ou comme construction ou comme agrémentation, et ces aliments divers font un tout de nourriture, dont l'entier de votre corps profite. C'est ainsi que procède l'association, et je suis enchanté que vous m'ayez offert cette figure; d'ailleurs, vous ne pouvez ignorer que tout est association : l'individu est association de membres; le mariage, association d'homme et femme; le gouvernement, association de volontés; le suffrage, association de votes; l'armée, association de soldats; la fabrique, association d'ouvriers; la maison de commerce, association d'employés; la nature, association des éléments, et l'homme et la nature, vivant l'un par l'autre, résument la grande association, qui est la création; donc, l'association est le principe même de l'être, et rien n'existe que par association.

— Je vois, répliqua Théodose avec affectation, que vous me trouvez un monstre; tout, dans ma manière d'être, vous fait horreur. Vous regrettez, sans doute, de m'avoir sauvé la vie.

— Oh! fit Verdin avec un geste de commisération profonde, que dis-tu là? Cette pensée est-elle dans ton esprit? Loin de regretter de t'avoir sauvé, j'en suis doublement heureux. Nos adversaires ont droit à tous nos soins; il faut bien que nous les gagnions à nous. Nous ne te prenons nullement pour un monstre, seulement nous ne pouvons pas dire comme toi, puisque tes idées nous semblent fausses; d'ailleurs, si j'ai été cruel tout à l'heure, quand j'ai parlé des célibataires, c'est que j'ignorais qu'il y eut la pauvreté parmi vous. Maintenant, si tu es pauvre, mon cher Théodose, aucune récrimination ne porte sur toi; le pauvre est la victime et la victime ne peut jamais être blâmée.

Pendant cette réponse de Verdin, Théodose hésitait à décliner sa richesse; mais l'enracinement du préjugé l'emportant : Je suis riche, dit-il d'un ton fier. Puis, cette pensée le ramenant à son naufrage : Au fait, ajouta-t-il, j'ai beaucoup perdu, mais, enfin, il m'en reste encore assez.

Verdin fit un signe approbatif.

— Si j'avais pu sauver ma cassette seulement, reprit Théodose. Il ne dit rien de plus, n'osant, par délicatesse, demander si on l'avait trouvée.

— Mais, répondit Verdin, si c'est le coffre que tu tenais à la main, on l'a apporté ; il est là avec une grande malle qui contient des effets.

— Ah! fit Théodose avec une explosion de joie en se levant, quel bonheur ! Puis il lui traversa, dans le cerveau, l'idée que, puisque la malle avait été ouverte, le coffre avait bien pu l'être aussi, et alors, dame! qui sait?..... Aussi, ce fût d'un ton tout différent qu'il demanda à Verdin : On l'a ouverte, sans doute, la cassette?

— Non, dit Verdin presque étonné.

— On a bien ouvert la malle, répliqua Théodose en manière d'explication.

— On a ouvert la malle, parce qu'elle était là perdue, et que, pour emporter un objet plutôt qu'un autre, fallait-il au moins savoir ce que c'était; mais, comme la cassette tu la tenais à la main, il ne nous regardait pas de connaître ce qu'il y avait dedans. Si tu avais été mort, oui, mais tu vivais, c'était autre chose.

— C'est juste, fit Théodose un peu décontenancé, je n'y réfléchissais pas.

— Veux-tu la prendre? demanda Verdin, nous pouvons aussi transporter la malle dans ta chambre, ce sont des effets comme les tiens, ils te rendront peut-être service. Ce disant, Verdin se leva. Théodose suivit son hôte, et, en revoyant la précieuse cassette intacte, il pensa pleurer de joie ; puis, en même temps, s'apercevant que la malle était précisément la sienne, il en eut un contentement si immense, qu'il ne savait lequel était le plus agréable, d'avoir retrouvé son argent ou ses effets pour se parer.

Aussitôt Théodose, s'excusant auprès de Verdin qui l'avait aidé à transporter le colis, s'enferma un instant dans sa chambre, et, en un clin-d'œil, il eut réparé le négligé de sa tenue. Théodose allait être présenté à la ville en quelque façon. Désormais, tout reprenait pour lui une tournure habituelle ; il était vêtu, il avait de l'argent ; sans doute, ce peuple était bien extraordinaire, mais, qu'importait-il à Théodose, il pouvait payer, il était donc libre. Aussi sa physionomie était devenue radieuse, et ce fût avec un aplomb tout dégagé que, rentrant dans la salle où l'attendaient Verdin et sa femme, il offrit son bras à celle-ci.

— Si vous marchez avec Nisia, dit Verdin, prenez ce grand parasol, il ne sera pas trop pour vous deux.

Le parasol proposé était bien un chef-d'œuvre de goût et d'élégance, mais il était parfaitement cocasse au point de vue parisien ; aussi Théodose eut un mouvement de mauvaise humeur et de refus ; mais la galanterie française l'emportant, il se décida à cause de la dame qui était en jeu ; seulement il fut vivement contrarié.

CHAPITRE V

LA PRÉSENTATION

En sortant de la maison, qui était située sur le haut d'une colline d'où l'on apercevait devant soi la vallée, encadrée de chaque côté par des montagnes couvertes d'épais boisements, et tout au fond, la mer, Théodose, Verdin et Nisia, sa femme, se dirigèrent sous une allée ombrée qui descendait dans la vallée.

On était au matin ; mais la chaleur, dans ces climats torrides, commence pour ainsi dire avec le jour, et puis, ce qui était parfaitement supportable pour les naturels du pays était un fléau pour un habitant d'une contrée plus froide. Aussi Théodose commença à suer et à souffler ; il étouffait dans ses vêtements et n'osait se remuer. Enfin on arriva à la vallée, mais Théodose ne jouissait pas du paysage; il était tout entier à sa gêne et il commençait à envier le léger des vêtements de Verdin. S'il eût été connu dans le pays, il se fût débraillé un peu. Mais une présentation! Quel effet produirait-il! Non! il voulait se montrer à ces gens dans toute sa dignité. Aussi il fondait dans ses vêtements.

Jusque-là, le parasol avait été inutile, et Théodose se demandait vaguement s'il faudrait s'en servir. Dans cette préoccupation, ce n'était plus le ridicule de l'objet qui l'inquiétait, mais la chaleur qu'il devait y avoir sous le soleil; or, la précaution d'un abri indiquait le danger, et Théodose pensait au soleil. En même temps qu'il y pensait, il s'y trouva.

— Nous n'avons pas beaucoup à traverser, dit Nisia; nous allons à la forêt que vous voyez là, et puis la chaleur est encore très-douce.

Théodose voulut répondre, mais il avait bien mangé, ce qui nécessite bien bu, et le pauvre homme, gras, repu, sanglé, était plus sur le point d'un coup de sang que de toute autre chose ; aussi, sur ces mots de la dame, il ne put que regarder le chemin à faire ; et, ouvrant le parasol, il avança, haletant, muet, immobile dans sa chaleur, les yeux fixés sur le but, et il y était qu'il ne s'en apercevait même pas, tant il était anéanti.

Cependant, peu à peu, l'ombre devenait plus fraîche. Bientôt un cours d'eau qui traçait sinueusement sa ligne claire sous les arbres acheva de donner de la douceur à l'atmosphère. De minute en minute, Théodose se remettait de son accablement, seulement, il était en eau ; sa chemise était à tordre et son pantalon, comme son habit, avaient çà et là des teintes plus ou moins foncées; bref, Théodose était comme à demi submergé.

Cet état désastreux lui faisait établir des comparaisons avec le costume en usage dans le pays; il n'en était pas encore à l'adopter, mais il le comprenait. Son assurance s'était diminuée en proportion que la correction de sa toilette s'était dérangée. Théodose avait perdu l'idée d'une entrée triomphale, il redoutait plus qu'il n'espérait.

Bientôt nos trois personnes, qui avaient suivi le ruisseau, entendirent un bruit confus de voix. Quelques pas de plus, et ils se trouvèrent à l'entrée d'une immense clairière, dont le milieu creusé en bassin recevait l'eau d'une source et l'épanchait en un large filon qui s'en allait se perdre loin de là dans les terres. Le tableau que présentait cette clairière animée d'être groupés, isolés, suspendus aux branches, à moitié dans l'eau, courant, jouant, assis, reposant, discutant ; vêtus, les uns de bleu, de rose, de gris, de pourpre, de couleur d'or, de vert, enfin de toutes les nuances imaginables, se mariant à l'infini par un mouvement incessant, dans une lumière claire mais douce, au milieu d'une fraîche verdure croissant touffue au ras de terre et abritée à une hauteur prodigieuse par un dôme de feuillage aux teintes entrelacées, où des petits trous comme des pointes d'épingles laissaient voir le ciel, qui, entrevu ainsi, semblait une myriade d'étoiles. Un tel tableau était aussi imprévu que la pensée, aussi impossible à rendre qu'une vision, car l'effet en était d'une mobilité insaisissable ; il fallait voir, et Théodose, qui voyait, restait là ébloui.

Les plus rapprochés de l'endroit par où arrivaient Verdin, sa femme et Théodose les aperçurent immédiatement et, courant à eux, ils serrèrent la main aux époux et inclinèrent la tête en signe de salut devant Théodose. En même temps, le mouvement des premiers ayant été aperçu des autres, tous en un instant furent groupés, et un silence général sembla interroger les nouveaux arrivants.

« Mes amis, dit Verdin en prenant la main de Théodose, voici le voyageur que la tempête nous a confié. Il est de ce pays qui nous est si cher. »

A peine ces paroles étaient-elles prononcées, qu'un murmure de voix remplit l'air. Les exclamations détonnaient sur le fond grave des pourparlers ; c'était comme le bruit continu mais irrégulier des vagues qui se haussent ou se baissent.

Alors un sortit des rangs et, se tournant vers les assistants, leva la main. Aussitôt, chacun se tut. Immédiatement, se retournant vers Théodose et ses conducteurs, cet homme parla ainsi : « Verdin, je prends la parole au nom de tous qui sont ici, et ils ratifieront, si j'ai bien parlé. Tu sais que pour nous, tout homme est un frère, à moins que cet homme lui-même ne s'y refuse; le voyageur est donc parmi les siens, sa qualité de Français, si grande qu'elle puisse être à nos yeux, est encore inférieure à sa qualité d'être humain; comme notre semblable, quel qu'il ait pu être, il aurait été reçu de même; comme Français, il n'y gagnera que de voir la reconnaissance et l'estime que nous avons pour ses compatriotes. Moi donc, homme, à toi homme, j'offre ma main, » dit l'orateur, et d'un pas calme et digne il avança le bras tendu vers Théodose. Celui-ci s'empara de cette main et la serra fortement dans les deux siennes, en balbutiant quelques mots inintelligibles. Sans quitter la main de Théodose, l'orateur s'était tourné vers l'auditoire comme pour être jugé ; tous, à ce mouvement, répondirent par d'éclatants applaudissements.

— Maintenant, les amis, dit Verdin, je demanderai à mon tour, au nom de nous trois, à prendre le café.

Un rire unanime accueillit cette sortie, puis, chacun faisant place, on entoura le trio et doucement, affectueusement, on le conduisit dans un recoin de la clairière. Là, sous les arbres et les buissons taillés en forme de bosquet, on avait découpé dans la terre un banc circulaire bien fourni, ainsi que le tapis de pieds d'un épais gazon. L'enclos était vaste et l'ouverture, fort large, permettait de voir tout ce qui se passait dans la clairière. Au milieu de ce réduit, par terre, étaient disposés d'immenses cafetières d'argent sur des réchauds, une quantité de tasses et cuilliers du même métal; d'énormes sucriers toujours du même service regorgeaient de sucre, et différents flacons recouverts d'osier avec étiquette sur le ventre reposaient précieusement couchés parmi ces ustensiles.

Arrivés devant le bosquet, on y fit d'abord entrer et asseoir Verdin, Nisia, sa femme, et Théodose, puis les plus âgés prirent place à côté d'eux et toute la jeunesse resta dehors. Alors, des jeunes garçons et des jeunes filles commencèrent à distribuer tasses, soucoupes et cuillers. Ceci fait, les uns prirent les cafetières; les autres les sucriers, et pendant que ceux-ci servaient dans le bosquet, ceux-là servaient à l'entrée. L'intérieur, moins peuplé que le dehors, étant vite fini, les distributeurs se réunirent pour satisfaire chacun de la porte, et, en très-peu de temps, l'opération fut terminée. Il va sans dire que, si ces distributeurs furent les derniers à s'offrir, ils ne s'oublièrent pas.

— Mes amis, dit celui qui avait reçu

Théodose au nom des habitants, buvons à la paix, à la concorde, à l'amitié! Souvent on parle de ces choses, aujourd'hui nous avons à les mettre en pratique; nommons donc ces vertus devant notre nouvel ami, afin qu'elles lui apprennent ce qu'il est en droit d'attendre de nous.

— A la paix, à la concorde, à l'amitié! répétèrent avec enthousiasme toutes les voix, et là-dessus chacun se mit à remuer son café, et ce fut des rires, parce que l'un se brûlait, que l'autre le renversait; les plus âgés s'amusaient de voir les plus jeunes et les plus jeunes s'amusaient d'eux-mêmes.

Quand on eut dégusté le café et prononcé le jugement que méritait sa confection, l'un de ci, l'autre de là, vinrent lorgner les étiquettes des carafons, et, nommant tout haut le nom de la liqueur que pour lui-même il choisissait, après s'être servi, il passait le flacon à qui lui en faisait la demande; celui-là de même à son tour, jusqu'à ce que personne ne le demandant plus, le dernier adjugé le remettait en place.

La jeunesse est vive, elle eut bientôt avalé, et ce fut une débandade échevelée, les uns voulant rattraper les autres. Chacun emportait sa tasse, la lavait à la source et la déposait sur un marbre blanc destiné à cet effet.

CHAPITRE VI

UNE RENCONTRE

Bientôt l'entrée du bosquet fut complétement déserte, seule une femme était restée; elle était là, assise à l'écart, sur une petite éminence. L'attitude et la physionomie de cette femme était un composé d'ennui, de dédain, de préciosité. Elle pouvait avoir de quarante à quarante-cinq ans et elle était fort bien de tête et de taille, seulement la peau avait ce flétri d'une chose qui se fane, et les traits semblaient tiraillés, dénudés qu'ils étaient de ce velouté qui fait le charme et la splendeur du visage. C'était comme un fruit de belle qualité, mais trop mûr; en un mot, c'était une femme passée.

Nisia, qui l'aperçut, interrompit sa conversation, et s'adressant à elle :

— Comment, madame Brunel, dit-elle en se levant, vous êtes là toute seule ? Venez donc avec nous ; mais pourquoi ne vous êtes-vous pas assise ici comme d'habitude ? Il y avait de la place, continua-t-elle en amenant la dame au milieu du bosquet, car, vous le voyez, nous avions parmi nous quelques jeunesses qui ont déserté.

— Je sais bien que vous auriez trouvé plus de mon âge que j'entre ici, dit Mme Brunel d'un ton fort aigre, mais j'ai beau être vieille, je ne puis m'empêcher d'être timide ; c'est très-ridicule probablement, malheureusement je ne puis pas me changer. En parlant ainsi, Mme Brunel baissait les yeux, pinçait la bouche et minaudait un petit air ingénu.

— Je n'ai nullement pensé ce que vous dites, madame, répliqua Nisia avec une bonté simple.. Vous vous asseyez là très-souvent et il m'a étonné qu'aujourd'hui vous soyez dehors.

Mme Brunel répondit timidement : — Je ne puis accuser que ma sottise, madame, de ce qui est arrivé. Il y avait aujourd'hui une solennité, et, ajouta-t-elle avec un redoublement d'embarras et tenant toujours les yeux baissés, je ne voulais point me faufiler quand même pour me faire voir. Je me tiens toujours à l'écart, et, à moins qu'on ne me force à me mettre en avant, comme vous le faites en ce moment, madame, je ne me produis jamais.

— Mais, dit Nisia un peu étonnée, vous seriez venue que vous vous seriez assise comme tout le monde, et nul n'aurait fait attention plus à vous qu'à personne! Pourquoi supposer qu'on vous aurait remarquée?

— Il est de fait, articula Mme Brunel à moitié suffoquée de dépit, il est de fait que je passe ici fort inaperçue, je dois l'avouer!

Pendant ce colloque, Théodose considérait Mme Brunel; il connaissait ce type, seulement il s'étonnait d'en rencontrer un échantillon parmi ces gens.

De par le monde, il y a une certaine sorte de femmes qui gardent jusqu'à la décrépitude une affectation de timidité et de réserve qui les fait ressembler de bonne heure à des nonnes surannées. Ajoutez à cela un certain air tout particulier, par lequel elles semblent éternellement craindre de recevoir une déclaration, ce qui fait qu'on se demande toujours si on doit leur en faire une, et si par hasard quelque sot exploite leur ridicule, elles attribuent le galant résultat à l'effet produit par leurs personnes. Telle était Mme Brunel.

— A votre accent, madame, dit Théodose qui se sentait à l'aise avec une telle personne, à votre accent, on dirait que vous êtes Française?

— Je le suis aussi, répondit madame

Brunel, radieuse, je suis même Parisienne, et elle leva les yeux vers Théodore et les rebaissa aussitôt.

— Eh mais, répliqua Théodose enchanté, nous sommes pays.

— Ah! c'est charmant, reprit avec une gaieté d'enfant madame Brunel; eh bien! monsieur de Paris, dit-elle désignant ainsi mignardement Théodose et le regardant cette fois, un même sort nous a conduit ici.

— Il y a longtemps, vous, madame?

— Un mois environ, je crois.

A ce moment, quelques sons d'instruments vibrèrent dans l'air, les tons différents s'essayèrent à l'unisson, puis, l'accord trouvé, l'exécution commença. D'abord, chaque intonation s'étendait au départ, l'une dans un sens, celle-ci dans tel autre; mais bientôt, comme des voyageurs épars qui se rallient à une même route, toutes ces notes se groupèrent en un faisceau, et puissamment, amplement, s'élevèrent en un rythme, comme une même voix immense, magistrale. Le motif grave atteignait graduellement la plénitude de la force; peu à peu, l'harmonie envahit l'espace et sembla dépasser par delà les nues.

Chacun, dans le bosquet, demeurait attentif, subjugué. Le corps restait en place, oublié par l'esprit, perdu à la poursuite de l'idéal. Après un long prolongue, une cadence fit une sorte de halte, et un soli, pur, vibrant, velouté comme la perle, dessina le chant le plus doux, le plus gracieux, le plus immense qu'oreille humaine ait jamais entendu. C'était la pourpre enveloppée dans la gaze, c'était le clairon assourdi par le bois, c'était la force sculptée par la grâce. L'instrument ne chantait plus, on l'entendait encore, et le final repris par le chœur était pour l'auditoire le murmure qui berce mais n'éveille pas. Alors, au milieu de ce charme jeté, une voix commença ; elle redit l'air qu'avait dit le soli, mais plus merveilleuse encore par cette attraction qui fait que la vie seule parle réellement à la vie, elle mit une pensée sur ce vague où errait l'imagination de tous, et tous la suivant, crurent penser comme elle.

Elle dit : « La liane au désert enlace les
« espaces ; l'oiseau dans l'atmosphère cir-
« cule comme le vent ; la mer roule ses flots
« et chasse au loin la terre ; la terre croît
« ses forêts, ses prairies et ses blés ; l'étoile
« rivalise avec l'autre étoile ; la lune dit :
« La nuit est à moi ; » le soleil répond :
« Je suis roi de ce globe, » et moi je dis à
« tout : « Le roi de tout, c'est moi. »

« Ma hache trace un chemin à travers la
« liane ; j'abats l'aigle en son aire et je
« détruis son nid ; je vogue sur les flots ;
« à la terre je commande ; la montagne se
« creusera si j'ai dit : la vallée ; aux lueurs

« de la lune, je rêve ma jeunesse ; au foyer
« du soleil, je m'anime et je sens ; ils me
« donnent la vie? Non, c'est en moi qu'ils
« respirent, en mon être contient et ma vie
« et la vie ! L'inconnu n'est pour moi qu'un
« jalon de l'espace; au-delà ce qui Est, je
« cherche ce qui Est; là aux confins du
« monde je recule les traces, et moi,
« l'homme, je me perds dans mon immen-
« sité. »

La voix noyée dans l'étendue se replia doucement sur elle-même, l'accompagnement mourut en même temps que la voix, le silence de l'immobilité se fit, et pendant quelques secondes ces êtres semblèrent écouter le bruissement du feuillage, seul agité par un vent léger.

Puis, tout à coup, comme en sursaut, chacun revint à soi; on était là, on avait écouté, on le savait maintenant et on applaudissait parce qu'on était heureux.

« Qui donc a chanté, qui donc a fait les paroles ? » dit Verdin, et il se levait.

En même temps il entendit : Vive Ulmé ! Vive Néry ! Vive Laor ! Et s'apercevant que tout le monde de la clairière se dirigeait vers le bosquet, il resta debout à la même place.

En effet, le groupe entier venait tel qu'il était, chacun avec son instrument à la main, et tous animés du feu du travail ou de l'attention.

A l'entrée du bosquet, ils s'arrêtèrent d'un même mouvement. Seul, un jeune homme d'environ vingt ou vingt-deux ans s'avança jusque dans l'intérieur, et prenant les mains à deux vieillards assis à côté l'un de l'autre :

« Grand-père et grand'mère, dit-il, je vous demande ma vie. »

Aussitôt le vieux ménage se leva, et le grand-père, parlant pendant que sa femme écoutait, il dit affectueusement à l'enfant, qui toujours leur tenait la main :

« Ulmé, que veux-tu ?

— Nise pour ma femme, répondit celui qu'on appelait Ulmé. »

Sans rien répondre, les deux vieillards, ayant leur petit-fils au milieu d'eux, firent deux pas en face de Verdin, et gravement, simplement :

« Verdin et Nisia, dit le grand-père d'Ulmé, Ulmé demande Nise, votre fille, pour sa femme.

— Que Nise réponde, dit Verdin regardant Nisia, sa femme, levée près de lui, qui fit signe que oui. »

Nise, conduite par sa sœur et une autre jeune fille, sortit des rangs, qui s'écartaient pour la laisser passer, et, modeste et digne elle dit, ayant baisé les mains de son père et de sa mère :

« Si vous aimez Ulmé, je l'aimerai, et

les larmes de l'émotion sillonnèrent son beau visage.

— C'est nous qui l'aimerons, si tu l'aimes, dit Nisia, sa mère, en pleurant elle-même sur la tête de l'enfant courbée devant elle.

— Eh bien ! aimez-le, répondit Nise en réunissant les deux mains paternelles sous ses lèvres.

— Mon fils, dit Verdin à Ulmé, embrasse celle qui sera ta femme, et toi, Nise, mon enfant chérie, ajouta-t-il en l'étreignant, embrasse tes nouveaux parents.

Ulmé posa ses lèvres avec une tendresse respectueuse sur le front de Nise, et celle-ci ayant serré affectueusement les deux vieillards dans ses bras, Verdin et Nisia les embrassèrent à leur tour.

Alors les acclamations joyeuses retentirent ; on se conviait à la noce, qui, suivant la coutume du pays, devait avoir lieu dix jours après la demande.

— Ulmé, demanda Verdin, est-ce toi qui [a] fait les paroles ?

— J'ai fait les paroles, répondit Ulmé ; [N]éry a pour sa part la symphonie, et Laor [a] chanté.

— Laor est un charmeur, répliqua Verdin ; [il] garde ce qu'il attire, et qui l'entend ne [pe]ut plus s'échapper. Mais Laor est la voix [de] Néry ; si Laor attire et enserre, c'est avec [la] puissance de Néry. Néry a façonné la [fo]rme merveilleuse, Laor la fait vivre en [lui] donnant la voix.

A ces mots, la foule trépigna de joie, et [Ve]rdin, pendant ce transport, continua :

L'harmonie est le repos, et vous tous qui [no]us avez bercé et absorbé en vous, merci [et] gloire. »

Pendant que les applaudissements le [re]merciaient de ces paroles louangeuses, [Ve]rdin regardait Ulmé profondément :

[U]lmé, dit-il comme songeant en lui-même,

pense toujours ; la pensée, c'est la découverte, et la découverte, c'est le trésor trouvé. »

Ulmé, d'un mouvement prompt, vint prendre la main de Verdin, et arrêtant sur lui loyalement son regard pénétrant, sans hardiesse : Mon père, dit-il, et il s'arrêta ; les deux hommes s'étaient compris.

— Gloire à Ulmé, dirent quelques-uns qui n'avaient pas trouvé que c'était assez, et tous entraînés répétèrent : Gloire à Ulmé ! Puis la jeunesse repartit pour le centre de la clairière.

Mais cette fois, les habitants du bosquet, gagnés par l'animation générale, se levèrent l'un entraînant l'autre, et devisant, ils suivirent à petits pas la foule bruyante. Le chant d'Ulmé était le sujet de la conversation ; chacun trouvait que le jeune homme promettait beaucoup, et on était heureux de le voir épouser Nise, une aimable et très-intelligente fille, elle aussi.

Mᵐᵉ Brunel et Théodose se prélassaient dans un mutisme superbe; ils s'occupaient avec une indifférence toute impertinente : Mᵐᵉ Brunel, à agrémenter sa coiffure; Théodose, à regarder de ci, de là, en ayant l'air de ne s'intéresser à rien.

— Hein! qu'en pensez-vous? dit tout à coup à Théodose quelqu'un qui se trouvait à côté de lui.

Ceci, dit avec enthousiasme, était une sorte de provocation à la louange.

— C'est original, répondit d'un ton froid et dédaigneux Théodore, mais les règles n'ont pas donné beaucoup de peine à l'auteur; ce ne sont pas des vers. Qu'est-ce que cela?

Celui à qui Théodose répondait était une nature simple et bonne. Il comprit bien l'intention méchante de Théodose, mais il ne savait comment y répliquer. Verdin, qui avait entendu, vint à son secours.

— Théodose, dit-il, crois-tu donc indispensable que toute œuvre soit renfermée dans un même cadre. Qu'importe cependant la forme du portrait si le portrait est bon ? Qu'importe également la manière de dire, si ce qu'on dit est bien ?

— Il y a toujours moins de talent à supprimer les difficultés qu'à les vaincre, répliqua Mme Brunel, d'un ton ironique.

— Il y a, madame, dans la versification, des difficultés qu'on ne peut vaincre qu'en supprimant les beautés, car la règle rogne et toise les idées, et le poète qui sacrifie à la règle est toujours plus un machiniste qu'un artiste.

— Eh bien, reprit Mme Brunel, avec une manière des plus impertinentes, voilà qui est vraiment particulier ; ainsi, faire de bouts de lignes sans rime, cela s'appelle le talent et nos poètes sont des machines Qu'en pensez-vous, monsieur de Paris ?

Théodose allait appuyer sa compatriote, mais Verdin ne lui en laissa pas le temps.

— Madame, dit-il dignement à Mme Brunel, vous avez dû m'avoir compris, seulement vous répondez d'une manière toute particulière qui n'encourage pas à discuter. Mon idée est que les règles sont même pour le génie une gêne, et qu'il irait plus haut encore s'il les écartait. Mais pour les talents modestes elles sont l'annulation du possible, car si le génie est toujours le génie malgré et quoi qu'il y ait, les capacités simples sont tout à fait supprimées si quelque chose les entrave. Or, entre nous priver de ces capacités ou des règles, nous aimons mieux garder les capacités, c'est pourquoi nous acceptons fort bien qu'on mette les règles de côté.

— Oh, comme on ne viendra pas vous disputer le prix, à votre aise, dit Mme Brunel ennuyée, seulement je ne sais pas quel nom on peut donner à vos compositions, car ce n'est à coup sûr ni des vers ni de la prose.

Personne ne répondit, et chacun s'écartant pour chercher un plus agréable voisinage, Théodose et Mme Brunel restèrent à l'écart.

— Il sont vraiment curieux, dit cette dernière à demi-voix, je n'ai jamais vu chose pareille.

— Il est de fait que c'est impossible, fit Théodose sur le même ton, il y a vraiment de quoi rire, » et tous deux, semblant s'essuyer, pouffèrent dans leurs mouchoirs.

Une belle jeune fille, tenant un large plateau couvert de rafraîchissements, s'arrêta devant les deux Français. Ceux-ci s'efforçant de reprendre leur sérieux, prirent chacun une tasse. C'étaient les mêmes qui avaient servi pour le café et dans lesquelles on avait cette fois versé une espèce de sorbet.

Cette boisson, vraiment délicieuse et glacée, remit un peu Théodose et Mme Brunel.

« Heureusement que leur cuisine n'est pas aussi excentrique que leurs idées, dit Théodose.

—Oh ! je fais si peu de cas de la nourriture, répartit Mme Brunel d'un petit air précieux, que, pour moi, ce n'est pas une compensation. »

Théodose s'inclina, ne trouvant rien à dire.

Pendant que ces deux personnes s'entretenaient, le groupe agitait la question du départ. Il fut convenu qu'après une promenade à travers la forêt on reviendrait aux habitations par une route opposée. Aussitôt, pendant que de jeunes garçons détachaient un chameau nonchalamment accroupi et l'attelaient à un léger fardeau qui servait à porter les provisions, des jeunes filles nettoyèrent à la source les divers ustensiles, réintégrèrent les flacons dans les coffres faits exprès, et ces choses étant soigneusement déposées dans le chariot, deux anciens y montèrent et dirigèrent lentement l'attelage à travers les larges voies tracées, tandis que la jeunesse s'engageait de tous côtés dans les fourrés.

Verdin et Nisia, n'osant laisser Théodose, malgré son peu de sociabilité, se sacrifièrent et s'approchèrent, afin de lui tenir compagnie ; et, comme Mme Brunel avait toujours soin de se tenir non loin de Théodose, ces quatre personnes, ne sachant quoi se dire, allaient marchant les unes à côté des autres, sans but, sans lien, et par suite sans aucun agrément. Pourtant la forêt était un chef-d'œuvre de la nature, seulement ce chef-d'œuvre était une habitude pour Verdin et

Nisia ; quant à Théodose, il était ennuyé, et Mme Brunel ne songeait qu'à une chose, c'est que nul ne faisait attention à elle, hormis Théodose, et elle s'occupait de Théodose, mais voilà tout.

Les oiseaux, effarouchés, avaient beau s'envoler devant eux et déployer les couleurs les plus bigarrées, le feuillage impossible avait beau marier les échancrures les plus fantasques, Verdin et Nisia connaissaient et regardaient paisiblement. Quant à leurs compagnons, ils s'intéressaient peu, absorbés qu'ils étaient en leur propre intérêt.

Mme Brunel eût préféré qu'on la laissât en tête-à-tête avec Théodose ; Théodose, lui, ne faisait pas plus de cas de Mme Brunel que des autres, aussi leur promenade était-elle des plus monotones.

Après une marche assez longue, on commença à rencontrer quelques habitations, et plus on avançait, plus les maisons se succédaient rapprochées, et découpaient le bois en carré de jardin. Bientôt, ce furent des rues au lieu d'allées, et, chacun se précipitant vers le chariot, on s'empara des parasols qui y étaient relégués. Verdin et Nisia s'abritèrent sous le même, laissant Théodose garantir Mme Brunel. Celle-ci, heureuse de la circonstance, prit place avec embarras au côté de Théodose ; mais, quoique beaucoup mieux que le matin, puisqu'à ce moment il était pour ainsi dire à jeun, Théodose se souvenait trop de ce qu'il avait enduré, et la perspective d'une nouvelle traversée sous le soleil suffit de suite à le renfrogner. Aussi, sans aucune attention pour sa compagne, il avança côte à côte avec elle en essayant de dormir pour passer le temps.

Sur la route, les uns quittaient les autres, suivant qu'ils étaient près de leur domicile.

La famille Verdin et Mme Brunel demeuraient le plus au loin ; aussi chacun, tour à tour, leur dit adieu, et, quand Mme Brunel dût prendre congé, elle fit à Théodose, comme aux autres, un froid salut, outrée qu'elle était de son procédé. Mais Théodose, profondément indifférent à tout ce qui n'était pas sa chaleur, salua sans savoir au juste comment, ni qui il saluait ; et à peine Mme Brunel avait-elle franchi l'entrée de sa demeure que, se retournant sous prétexte de fermer sa porte, elle vit Théodose déjà loin.

Quelques minutes après, la famille Verdin était rentrée. En un clin-d'œil une collation fut servie, et quand chacun se fut restauré :

« Nous allons faire la sieste, dit Verdin ; c'est l'heure où il est impossible de s'occuper. Cette chambre est la tienne, mon cher Théodose, ajouta-t-il en lui désignant la pièce où il avait déjà couché. Si tu as besoin de quelque chose, tout est là, et d'ailleurs, tu nous appellerais. »

Théodose remercia. Les deux jeunes filles et leurs parents montèrent à leurs chambres et Théodose entra dans la sienne.

On était si accablé, quoique les habitations fussent construites de manière à éviter la chaleur, que Théodose s'étendit de suite sur son lit, et tout bruit cessa dans la maison.

CHAPITRE VII

L'OR ET LE TRAVAIL

Pendant quelques heures, il sembla qu'aucun être humain n'existât à la ronde. A peine entendait-on de temps en temps quelque cri monotone d'oiseau ; on eut dit une terre inhabitée et même dépourvue de quadrupèdes, car, sous l'influence du milieu de la journée, tout s'engourdissait.

Cependant, peu à peu, le soleil déclina sa courbe ; de ci, de là, un bêlement se répondit, l'oiseau commença de se remuer, la forêt au loin envoya ses bruits particuliers, la torpeur se secouait ; partant des animaux, l'animation s'étendait par degrés jusqu'à l'homme, la ménagère se réveillait au cri retentissant du coq, réveillait les siens aux alentours, et ainsi la vie se gagnait de proche en proche.

Théodose entr'ouvrit les yeux, chercha de nouveau à se rendre compte, et, se souvenant aussitôt, il regarda l'heure à une magnifique horloge placée sur une étagère, en face de son lit ; il était quatre heures; il s'était couché à une heure de l'après-midi, donc il avait dormi trois heures; au reste, il se sentait tout reposé.

Se levant immédiatement, il recommença pour la troisième fois sa toilette, mais avec moins de soins, ou plutôt sans autre but que celui d'être propre, car, au lieu que ce fut lui, Théodose, qui eût étonné ces gens, c'était lui qui avait dû s'incliner devant leur éclatante supériorité.

Ne sachant si ses hôtes étaient levés, il ouvrit doucement la porte, et, ne voyant personne dans la salle à manger, il essaya de gagner le jardin. Un simple loquet et un verrou en dedans étant toute la serrure, Théodose sortit sans bruit, mais à peine avait-il fait deux pas qu'il s'aperçut que toutes ces précautions étaient en pure perte.

Verdin sarclait dans le jardin, et les jeunes filles allaient et venaient de la cour à l'intérieur par une issue desservant la cuisine.

Tous ces gens le saluèrent affectueusement, et la mère lui ayant dit qu'elle préparait le dîner, l'engagea à visiter l'habitation pendant ce temps.

La cour entourant la maison était séparée du jardin par un treillage fin et serré. Cette cour était peuplée de volatiles de toutes espèces; des compartiments isolaient les jeunes couvées ou les races incompatibles; des constructions appropriées, mais faites avec une élégance remarquable, servaient tout à la fois d'abri pour les bêtes et d'ornement pour la propriété.

Théodose admira les diverses espèces, toutes dehors à cette heure, occupées à manger, puis il alla rejoindre Verdin dans le jardin.

Immédiatement derrière le treillage, s'élevaient quelques grands arbres au feuillage presque massif, ce qui permettait à la famille de rester à l'air suivant qu'il lui convenait, et en même temps ombrageait la cour et la maison.

Au-delà de ces arbres commençait le jardin, c'est-à-dire la culture. Rien n'était plus beau, mieux soigné, plus en rapport que cet enclos ; la fantaisie y coudoyait l'utile, les fleurs les plus exhubérantes s'épanouissaient parmi les fruits les plus appétissants ; c'était tout à la fois la nourriture et la parure dans leur plus grande richesse, comme aux jours de fête on voit sur la table le parterre en même temps que les plats.

« Voilà un magnifique jardin, dit Théodose ; quelle beauté, quelle richesse, c'est superbe ! Mais quel mal on doit avoir à travailler dans un pays si chaud.

— On s'arrange en conséquence, répondit Verdin ; on ne travaille guère que le matin et le soir.

— Sans doute, répliqua Théodose, et puis on doit être bien payé.

— On est en effet bien payé, dit Verdin, car c'est merveilleux ce que la terre produit.

— Oh ! oui, pour cela, je le pense bien, fit Théodose, mais je parle de l'ouvrier.

— L'ouvrier, c'est moi, dit Verdin ; donc c'est moi que la terre paye.

— Comment, c'est vous qui cultivez ce jardin ? et Théodose regardait Verdin, son apparence, sa physionomie, ses vêtements.

— Mais oui, c'est moi, reprit Verdin le contemplant à son tour, cela t'étonne donc?

— Alors vous êtes jardinier? demanda Théodose, sans répondre à la question.

— Je suis agriculteur de mon état, répondit Verdin, et mon jardin est mon délassement et mon étude.

Théodose écoutait, surpris.

— Mon père, dit une des deux jeunes filles qui venaient d'arriver près d'eux, maman nous attend pour dîner.

— Allons dîner, mademoiselle Nise, fit Verdin affectueusement; et, laissant son travail, il suivit ses enfants.

— Te sens-tu appétit, ami Théodose, demanda-t-il?

— Pas autant que ce matin, répondit celui-ci.

— Cela se comprend, tu es comme nous, c'est notre premier repas qui est le meilleur. On mange cependant assez bien le soir.

— Le soir ? Tu veux dire maintenant ? demanda Théodose, qui tutoyait son hôte suivant sa disposition d'esprit.

— Non, le soir c'est avant de se coucher, à dix heures environ. Tu verras quand tu reviendras du spectacle ?

—Nous allons donc au spectacle, demanda Théodose ?

— Oui ; mais, répartit Verdin, si cela t'ennuie, tu sais, tu es chez toi.

— Non pas, non pas, s'écria Théodose, je suis au contraire tout-à-fait charmé. »

Tout en conversant, on était arrivé aux grands arbres ; la table y était dressée, et pendant que la mère invitait Théodose à prendre place et que les deux jeunes filles s'asseyaient, Verdin, qui avait été un instant à la cuisine afin de s'y laver les mains, prit place à son tour et on commença à manger.

Naturellement le mariage de Nise fut le

sujet de la conversation. Théodose, désirant se tenir en bonnes relations avec ses hôtes, n'osait plus s'étonner, craignant de les offenser : il écoutait et faisait semblant d'approuver.

— Je suis très-heureux de ce mariage, disait le père ; Ulmé a un talent réel, et puis, c'est une belle nature.

— Oui, répondit Théodose, seulement il est heureux qu'il soit chez vous. Si vous saviez combien de déboires, de déceptions l'attendraient partout ailleurs.

— Oh! fit Verdin d'un air de dénégation, je ne crois pas que son art puisse jamais être méconnu.

— Vous croyez cela, vous? dit Théodose. Eh bien, mon cher Verdin, le plus souvent, on meurt de faim avec ce beau talent.

— Comment, on meurt de faim, répéta Verdin ; mais on mange d'abord sa production, et à moins qu'elle ne manque... et comme c'est impossible, je ne vois pas...

— On mange sa production, dit Théodose ébahi, avec quoi donc écrivez-vous?

— Voyons, dit Verdin, nous ne nous comprenons pas; expliquons-nous. Je t'ai dit, je crois, qu'Ulmé était un agriculteur de talent. Eh bien! celui qui fait la nourriture pour les autres peut-il jamais manquer de quelque chose pour lui-même! Qu'est-ce que tu avais donc cru?

— Mais qu'Ulmé était un auteur.

— Tu veux dire un travailleur purement moral? Il n'y en a pas chez nous, ami. Le corps a besoin d'activité, or, chacun doit utiliser cette loi de l'activité au profit de tous, car c'est de l'emploi de la totalité des forces que résulte le peu de durée de la tâche individuelle et par suite la liberté de chacun. Par l'exécution générale d'un labeur indispensable à tous, un tiers au plus

7

de la journée est nécessaire au travail sociétaire ou de l'État, comme tu l'entendras, le reste du temps appartient à l'individu, et ainsi, chacun aidant à la vie commune, chacun bénéficie du travail de tous et reçoit en plus le temps pour soi, qui est la facilité de développement. Ici la profession choisie est presque toujours un dérivatif des facultés. Ulmé, porté par sa nature vers l'étude, la contemplation, a choisi l'état de cultivateur, qui est de tous celui qui grandit le plus la pensée; un calculateur se fait généralement architecte, constructeur de vaisseaux ou mécanicien; un botaniste, bûcheron, afin d'être sans cesse en rapport avec la nature qu'il étudie, et ainsi, quoique le travail soit obligatoire, il est plutôt, par la liberté du choix, un simple développement forcé de l'individu. Marsile, qui t'a reçu au nom des habitants, est forgeron; c'est une nature énergique qui aime le travail rude; celui qui a joué sur la flûte ce magnifique soli, est tisserand, cet état lui laisse la souplesse des doigts si nécessaire au musicien ; Laor, que tu as entendu chanter, est menuisier; la pièce que tu vas voir ce soir est d'un pêcheur ; et ainsi de suite.

— C'est peut-être les incapables qui font les états de luxe chez vous? demanda Théodose, qui, maintenant, n'était plus surpris de rien.

— C'est un peu tout le monde, répondit Verdin, le luxe est la récréation; celui qui s'en amuse y travaille dans son temps à soi, et comme chacun trafique ensemble, il n'en est pas qui ne soit pourvu de ces jolies choses d'agrément. Tiens, mes filles excellent à broder les tuniques; en échange, on leur a donné ces beaux médaillons, ces boucles d'oreilles et ces admirables plumes d'oiseaux rares.

— Mais ces médaillons et ces boucles d'oreilles sont en or, objecta Théodose.

— Sans doute, riposta Verdin.

— C'est que cela rend ces objets d'un très-grand prix! expliqua Théodose d'un ton cependant assez incertain.

— Bast! dit Verdin, est-ce que la matière première compte? En prend qui en veut; il n'y a que le travail qui lui donne valeur, et ainsi, travail contre travail, il y a échange.

— On prend de l'or comme on veut, chez vous? questionna doucement Théodose comme s'il n'eut guère été étonné.

— Sans doute, pourquoi veux-tu qu'on prenne moins l'or que tout le reste? Le travail est à celui qui l'a fait, la matière est à celui qui veut travailler, tout le monde sait cela, et je ne sais pas pourquoi tu m'en parles.

—Est-ce qu'on sait toujours ce qu'on dit?

fit négligemment Théodose ; il fait si chaud que j'en suis abasourdi.

— Mon pauvre Théodore, tu ne pourras pourtant pas nous quitter avant une vingtaine de jours.

Théodose apprenait son départ avant même d'avoir eu l'inquiétude de son séjour ; ce lui fut une grande douceur. Aussi, tout-à-fait heureux et du confortable qui l'entourait et de la perspective de s'en aller bientôt, il éprouva ce contentement qui vous saisit après le danger évité, alors qu'on apprécie le bien-être d'un état tranquille.

— Combien je penserai à vous, fit-il.

— Pauvre cher Théodore, dit Nisia, nous devons vous étonner beaucoup, mais n'importe, vous nous estimerez parce que nous sommes vrais, et nous vous estimons, ajouta-t-elle en lui prenant la main, parce que votre pays vous a fait plus que vous ne vous êtes fait vous-même. La nature est chez nous si belle, qu'il faut bien la suivre ; la sève vous pousse, on va comme va la plante, tandis que là où il faut s'entraîner soi-même, il y a plus de mérite pour moins de chemin.

Théodose, ému, porta la main de Nisia à ses lèvres et la serra affectueusement.

— Que voulez-vous? fit-il, répondant à sa pensée intime, vous avez peut-être raison, mais cela est encore impossible chez nous ; on ne ferait qu'en rire. Hélas !...

— Allons, allons, dit Verdin, ne nous attristons pas parce qu'il y a des pays peu éclairés. Il y a bien des jours gris et le soleil revient toujours. Eh bien ! les peuples feront de même ; tôt ou tard, ils comprendront.

— Mais oui, au fait, riposta Théodose ; Verdin a raison : Ce n'est pas notre faute si nous avons la vie courte et s'il faut longtemps à l'humanité pour faire un pas.

— Si, dit Verdin, c'est la faute à tous individuellement. Que chacun qui sent une chose juste, mais la croit inapplicable ou incomprise des autres l'applique, sans s'occuper pour son propre compte, et des milliers d'êtres seront tout étonnés de se rencontrer en un même progrès; mais, au lieu de cela, chacun, parce qu'il est seul, parce qu'il n'est qu'un enfin, se croit sans importance, comme si toute majorité, toute force n'était pas faite d'individualités groupées, et tous, composant l'humanité, restent à leur place et s'étonnent naïvement que l'humanité ne marche pas. Mais puisque l'humanité, c'est vous, moi, tel autre, n'importe qui, si vous voulez que l'humanité marche, marchez ! Il n'y a pas d'autre moyen possible. Tel veut avancer et cependant reste stationnaire, sans réfléchir que, arrêté par l'inertie des autres, sa propre inertie arrête également les autres à leur tour. Plaisante simplicité! L'homme veut le bien de l'humanité; ce bien dépend de la part de chacun à le faire, et nul ne s'en mêle, et tous prétendent que ce bien arrive! L'homme n'a pas encore conscience que, membre du genre humain, ses agissements à lui, si chétif qu'il soit, sont forcément, pour le grand corps, ce qu'est le jeu de la fibrille dans la structure humaine : l'entier s'en ressent.

— Bast! glissa Théodose d'un air malicieux, que feraient les philosophes, si l'humanité était parfaite?

— Ils n'ennuieraient pas leurs convives comme je t'ennuie, répliqua Verdin sur le même ton, mais ils t'offriraient toujours de ce bon vin, comme je t'en offre. A l'heureux retour en ton pays, ami!

— Comment est-ce donc que je m'en retournerai? demanda Théodose. Vous avez des relations avec les vaisseaux?

— Non, mais nous trafiquons avec les contrées voisines, et tous les deux mois environ, on va faire des échanges ou l'on vient chez nous. On te remettra à la tribu la plus proche, qui te remettra à sa voisine, et, ainsi de suite, tu arriveras là où les vaisseaux abordent souvent, et tu t'embarqueras.

— Cela n'ennuiera pas ces habitants de me conduire d'un pays à un autre? objecta Théodose, à qui ce voyage faisait peur.

— As-tu inquiétude sur notre compte et redoutes-tu quelque chose parmi nous? demanda Verdin.

— Oh! non, répliqua vivement Théodose.

— Eh bien, nos voisins sont absolument ce que nous sommes. Ton voyage sera un vrai voyage d'agrément, à moins que nos mœurs ne t'ennuient à ce point de te mettre en colère...

— Ah! mon cher Verdin, vous me faites

parler !... Ce n'est pas notre manière de faire, mais cela ne me choque pas.

Verdin eut un sourire indulgent.

— Pauvre vieux Théodose! fit-il avec une douce gaîté. Puis, après un silence, il ajouta : « Il faut nous préparer à partir. Théodose, vois si tu n'as besoin de rien, pendant que les enfants et la mère vont s'arranger. Nous allons au théâtre. Il est six heures; à dix heures, nous serons de retour. On ne se couche pas tard ici, parce que les matinées sont indispensables pour le travail.

— C'est très-bien compris, dit Théodose. Mais, tout en répondant, il pensait à autre chose. Dans tous pays, pour n'importe quoi, on paye. Or, il aurait été agréable à Théodose d'offrir une récréation à ses hôtes, en échange des soins qu'ils avaient pour lui. Seulement, puisque tout le monde pouvait prendre de l'or à l'île de l'Utopie,

Théodose se disait, avec assez de raison, que là sa richesse devait être nulle, et il ne savait comment s'y prendre pour s'éclaircir à ce sujet. En prévision de toute éventualité, il alla à sa chambre sous un prétexte quelconque et se munit d'une certaine somme.

CHAPITRE VIII

MAITRE ZÉNON

Bientôt les deux jeunes filles descendirent dans une toilette resplendissante; leurs tuniques de soie, l'une bleu de ciel, l'autre rose clair, recouvertes de tulle de même couleur, festonnées gracieusement de mignonnes guirlandes de roses et de bluets, les faisait ressembler à des déesses païennes. La mère, vêtue d'une longue tunique de cachemire blanc simplement ornée, aux extrémités, d'une large broderie d'or, et coiffée d'un léger bandeau de perles, était entre ses deux enfants, belle de cette beauté calme et sereine qui semble l'épanouissement de la riche création arrivée à son parfait développement ; on eut dit la Moisson escortée par le Printemps. Droite sans raideur, assurée sans hardiesse, elle marchait à l'aise dans sa puissance, comme quelqu'un habitué à la royauté.

Théodose se sentait toujours envie de s'incliner, mais la grâce toute naturelle de Nisia arrêtait court cette crainte respectueuse ; sitôt près d'elle, il se faisait un changement dans la pensée. Il y avait là la force, mais cette force ne pesait pas ; au contraire, elle aidait, ce qui faisait que bientôt on n'y pensait plus.

Verdin embrassa tout ce joli monde, et joyeux malgré lui de cette splendeur dont pourtant il avait l'habitude, il regardait en rayonnant.

— Les monstres, fit-il en enserrant dans ses bras les trois têtes, fi !

— Sur cette belle réception, dit la mère en riant, mes filles, partons avec confiance.

Théodose cherchait un compliment et s'il devait en faire, mais il ne savait plus, il ne savait rien et restait coi.

Comme le matin, on descendit à la vallée. Seulement, à cette heure, l'air était frais, et c'était une charmante promenade. Les habitations, également rapprochées, mais construites suivant la fantaisie et comme architecture et comme emplacement, formaient un ensemble tout-à-fait pittoresque. Les routes larges et tracées à l'alignement étaient plantées d'arbres au bord des trottoirs. Telle maison s'élevait au fond du jardin, telle autre était mitoyenne à la rue; c'était ville par la quantité des habitations, c'était campagne par l'accidenté du plan tracé par l'initiative de chacun.

Après quelques détours, Théodose s'arrêta stupéfait devant une gare de chemin de fer; le sifflement de la vapeur perçait l'air de ses saccades. On s'apprêtait au départ.

— Comment, dit Théodose, vous avez des chemins de fer?

— Mais est-ce que je ne t'ai pas dit qu'un des nôtres avait rapporté les inventions et les sciences de ton pays?

— Si, répliqua Théodose, qui, malgré cela, ne pouvait revenir de son étonnement.

En même temps, un grand nombre d'habitants arrivaient chacun en riche toilette. La famille Verdin, à peine entrée, fut rejointe par Ulmé, qui était là en compagnie d'un homme d'une cinquantaine d'années.

— Salut, maître Zénon, dit Verdin à ce dernier avec un affectueux respect.

— Salut, mon cher Verdin, répondit maître Zénon.

— Tu vois, en maître Zénon, un de nos instituteurs, dit Verdin à Théodose, presque toute la jeunesse d'ici a été enseignée par lui, c'est le maître d'Ulmé, de Laor et le mien.

— Monsieur, dit maître Zénon à Théodose, j'aurais voulu me joindre aux habitants pour vous recevoir, malheureusement j'avais un élève malade et je voulais savoir par moi-même comment il avait passé la nuit, maintenant il est hors de danger, je suis tranquille, aussi j'ai accompagné mon cher Ulmé, afin de vous présenter toutes mes sympathies. »

Théodose salua et, embarrassé de savoir que dire, il cherchait, lorsque le signal du départ vint le tirer d'affaire, chacun s'occupa à se caser. Maître Zénon s'étant assis à côté de Théodose, celui-ci recommençait de se creuser la tête, lorsque maître Zénon le prévint.

« C'est bien la plus belle des professions, n'est-ce pas, monsieur, que celle d'enseigner la jeunesse, nous avons l'estime et l'affection des parents, et si nos élèves deviennent de généreux et vaillants citoyens, quelle récompense !

— Oui mais, dit Théodose, pour qu'on puisse raisonnablement dire : c'est moi qui ai formé un homme, il faudrait garder l'enfant jusqu'à ce qu'il fût homme.

—C'est bien ce que nous faisons, et vous pensez très-sagement, dit maître Zénon.

— Vous en avez quelques-uns qui font des études complètes, mais si peu.....

— Tous sans exception : comment pourrait-on en exclure un seul ?

— Tous les enfants apprennent jusqu'à l'âge d'homme ?

— Est-ce que nul peut être en dehors de l'humanité ? Homme et homme sont-ils pas forcément l'un ce qu'est l'autre, et, par ce fait, traités l'un comme l'autre.

— Ainsi vous enseignez les enfants jusqu'à.....?

— Dix-neuf ans.

— Très-bien! Alors la famille ne compte plus, c'est le professeur qui la remplace! Et si moi, plus jaloux de ma qualité de père, je voulais garder mon enfant?

— A votre aise, seulement votre enfant devra passer les examens publics tout comme les autres.

— Et s'il me plaît de donner à mon enfant des doctrines autres que les vôtres?

—Le professeur n'enseigne que la science qui ne varie pas, et la morale, qui ne varie pas non plus; en un mot, il ne sort pas de la démonstration du fait. Un et un font toujours deux, l'homme et la nature se valent, puisque l'un n'a de raison d'être que par l'autre, et l'homme, quel qu'il soit et là où il est, est toujours homme, donc l'un a forcément les droits de l'autre, en termes techniques, l'homme a forcément les droits de l'homme. Voilà les points fondamentaux dont nul ne peut s'écarter et dont la famille qui garde l'enfant est appelée à justifier de l'enseignement.

— Cependant si mes idées étaient opposées....., si je ne voulais pas....., mes enfants m'appartiennent, enfin !

— Vos enfants appartiennent à l'humanité et vous n'en êtes que le préposé à la garde, vous devez compte à la société de cette partie d'elle-même confiée à vos soins. Il ne peut convenir aux hommes de laisser élever l'homme en maître ou en esclave, car c'est non-seulement la dignité, mais encore la sécurité de l'espèce humaine qui serait en péril; maître, il tenterait d'assujettir ses semblables, esclave, il aiderait les autres à les assujettir. L'homme doit apprendre ce qu'est l'homme et non pas ce que, lui, l'individu, doit être; représentant de l'espèce humaine, il ne doit concevoir aucune idée de supériorité ou d'infériorité, attendu que quel qu'il soit, il est ce qu'est l'autre dans son genre, une faculté, une distinction ; or, ce qui est distinct ne peut valoir ni plus ni moins, le goût peut faire un choix, mais la valeur de fond est la même entre toutes choses distinctes, attendu que toutes constituent forcément, chacune en soi, une unité.

Il n'y a qu'en une même ligne ou une même manière d'être dont on puisse dire que l'un s'étend plus que l'autre, c'est ce qui fait que les imitateurs ne comptent pas ou sont toujours inférieurs, mais les imitateurs disparaissent avec le libre jeu donné à chacun.

Théodose avait du pédagogue par dessus la tête, cependant il n'osait se dispenser de faire un signe quelconque d'approbation, seulement il n'écoutait pas et attendait avec impatience la fin de la conversation.

— Voyez, poursuivit maître Zénon, auquel le silence de son interlocuteur laissait le champ libre, en apprenant à l'enfant à respecter l'homme par dessus tout, en même temps qu'il respecte les autres, se sachant homme lui-même, il exige des autres le même respect et tout dépend de là.

— Mais, dit tout à coup Théodose, à qui une critique venait de surgir, à quel âge vos jeunes gens apprennent-ils un état.

— Pour ainsi dire dès l'enfance, repartit maître Zénon. Il y a, dans les immenses bâtiments de l'école des ateliers de tous les corps d'état, et l'enfant s'attache à celui qui est sa préférence naturelle. A dix ans on commence à l'employer ; s'il se dégoute, on exige qu'il fasse un autre choix, et vous comprenez qu'il est impossible qu'à dix-neuf ans il ne soit pas bon ouvrier.

— Est-ce que le père ne peut pas non plus apprendre lui-même son état à son fils, dit ironiquement Théodose.

— Le père peut lui apprendre tout ce

qu'il veut dans son temps à lui appartenant, mais pendant son travail pour l'association sociétaire, il ne doit s'occuper exclusivement que de son travail. Les ouvriers occupés dans les bâtiments de l'école sont là à titre de professeurs, ils s'emploient plutôt à la démonstration qu'à l'exécution, c'est-à-dire qu'ils font travailler l'enfant au lieu de travailler eux-mêmes. Si chaque membre de la société s'occupait de former les apprentis, le travail si court de chacun ne suffirait plus; il y a donc grand avantage pour les parents et par suite pour la société entière, à ce que les enfants apprennent leur métier par des professeurs, de cette façon un seul individu suffit à former une légion d'enfants; et comme les heures de récréation correspondent au temps libre du père, le père peut compléter l'enfant comme il l'entend.

— Et quand l'enfant est ouvrier de bonne

heure, à qui son gain rapporte-t-il, demanda Théodose, est-il libre de s'en aller?

— Non pas, répondit vivement maître Zénon, l'enfant ne doit s'en aller qu'à dix-neuf ans accompli pour les garçons, dix-huit ans pour les filles. Tous sont ouvriers de bonne heure et leur travail sert à entretenir l'école, ainsi il n'y a eu besoin que de la première mise. Cette règle est invariable pour deux raisons d'utilité générale : premièrement, l'entretien de l'école, qui est la chose de première utilité dans un État; deuxièmement, la surveillance de la jeunesse, qui cesserait si les jeunes gens quittaient ceux à qui ils sont accoutumés d'obéir. Or, nous obligeons les enfants jusqu'au dernier jour, et tous sans exception, à faire, indépendamment du travail manuel, des exercices quotidiens de gymnastique, de natation, d'équitation et de maniement des armes pour les garçons, comme cela, garçons et filles sont garantis des folies du cerveau, et il n'est pour ainsi dire pas d'exemple qu'ils n'aient attendu convenablement l'époque de leur mariage, fixée s'ils le veulent au jour de leur départ de l'école, qui est le jour de leur indépendance.

— A ce que je vois, dit Théodose toujours ironiquement, les enfants sont séparés des parents, ils vivent en communauté en dehors de toute famille.

— Comment! fit maître Zénon; je vous ai dit tout à l'henre que l'enfant revenait près des siens le temps des récréations ; il y en a le matin, il y en a le soir, en tout six heures d'école : trois pour l'instruction, trois pour l'exercice et le travail manuel ; est-ce trop ? et l'enfant est-il donc tant que cela enlevé à sa famille? Le père a lui-même quatre heures de travail, l'enfant n'a donc que deux heures de plus de sujétion, et ce

8

n'est pas beaucoup pour un être qu'il faut former.

— C'est que, voyez-vous, j'aime la vie de famille, dit Théodose d'un air confit.

— Et nous donc! répartit maître Zénon; c'est bien pour cela que nous élevons ainsi les enfants. En les activant et en les instruisant, nous les garantissons des vices qu'engendre l'ignorance ou l'oisiveté, et en même temps nous préservons les familles, car un être, garçon ou fille, ne peut se dévoyer sans atteindre, par contre-coup, la famille de son complice ou de sa victime.

— Et puis, poursuivit Théodose, comme s'il n'avait pas entendu, c'est si joli de voir les enfants assis à la table paternelle.

— Eh mais, où voulez-vous qu'ils mangent? demanda Zénon, un peu étonné de la sortie et cherchant son à-propos.

— Je croyais qu'ils vivaient tout-à-fait à l'école? dit Théodore.

— Vous m'étonnez, dit Zénon ; je cherche votre idée. Il semble que vous ne vouliez pas comprendre. Quand vous désirez une chose, vous allez là où vous devez la trouvez et vous revenez. Eh bien! l'enfant va prendre son instruction et, sa tâche finie, il revient. Pourquoi resterait-il là où il n'a plus que faire?

— Peut-être pour qu'il ne s'écarte pas de la voie qu'on lui trace.

— Bien au contraire, on ne lui trace pas de voie ; c'est lui qui doit se la tracer ; on le forme seulement pour qu'il puisse se conduire. Nous ne nous occupons, nous autres professeurs, que du mécanisme, c'est-à-dire de l'établissement des principes de science et de morale ; les parents forment le cœur. Cet enseignement-là ne se fait que par l'exemple.

Le train venait de s'arrêter ; la famille Verdin se leva pour descendre, Théodose poussa un soupir de soulagement, et, se faufilant sous prétexte d'examiner chaque chose, il s'écarta, quitte à perdre de vue son monde, tant il était fatigué de l'obsession de maître Zénon. Heureusement, celui-ci n'allait pas au théâtre, il n'était venu que pour souhaiter la bienvenue à Théodose, et à la sortie de la gare, il prit congé de la société. Théodose lui répondit gracieusement, dans sa joie d'en être débarrassé, et léger, guilleret comme un homme qui vient de déposer à point son fardeau, il se mit à plaisanter agréablement, encouragé d'ailleurs par la bonne grâce avec laquelle on l'écoutait; c'était, en un mot, une réaction; il débordait d'entrain, tellement il avait été ennuyé.

CHAPITRE IX

UNE SINGULIÈRE COMÉDIE

En quelques pas, on fut au théâtre; c'était une merveille de sculpture; le mur de pourtour dessinait un magnifique bas-relief, de jolis arceaux fermaient en dôme sa coupole, les larges portes, véritable chef-d'œuvre d'ébénisterie, s'ouvraient sur des degrés en mosaïque; rien n'était négligé; l'art et la richesse avaient fourni les matériaux de cet édifice. A l'intérieur, même soin d'exécution: deux galeries superposées avaient pour appui un travail en fer forgé d'une exécution incroyable de délicatesse; on avait doré ce fer, et des colonnettes de marbre de diverses couleurs agrémentaient d'espace en espace le fond blanc et or de la salle. Une lumière franche, pleine, éclairait si bien ce réduit, que, venant du dehors, où l'ombre commençait à tomber, le spectateur, pour un instant, croyait retrouver midi dans ce coin. Les sièges du parterre et des galeries étaient d'amples fauteuils faits d'une sorte de jonc travaillé à jour et tous exactement semblables. On entrait, on choisissait sa place; les premiers arrivés commençaient, et chacun à la suite s'arrangeait. Du reste, nulle préoccupation; on s'accommodait gaiement de çà ou de là, d'abord parce qu'on n'avait qu'à revenir une autre fois un peu plus tôt, ensuite, parce que le théâtre petit et peu élevé permettait de voir et d'entendre partout.

En même temps que la famille Verdin entrait, Mme Brunel, en compagnie d'une autre dame, faisait son apparition d'un côté opposé. Soit froideur, soit réflexion, ces gens s'assirent de part et d'autre à l'écart, comme s'ils ne s'étaient point vus ou comme s'ils n'étaient pas assez intimes pour se rejoindre. Mme Brunel s'étalait en une toilette à ramages ; le goût en était assez bon, seulement ces retroussis et pendeloques vous avaient une façon toute galante qui détonnait un peu avec l'âge rassis de la dame ; on eut dit Junon matrone en sémillante grisette. Mais ce contraste attirait l'œil, et comme, en fait, Mme Brunel était encore bien, chacun voulait savoir si réellement elle était jeune ou vieille ; de là attention gagnée, effet produit ; quant à l'interprétation qu'en faisait l'héroïne, c'était tout naturellement à son avantage, comme il est d'habitude.

La salle s'emplit en très-peu d'instants. On apprit à Théodose que ceux qui n'avaient pu avoir de place s'en étaient allés à d'autres théâtres, attendu qu'il y en avait assez pour que les habitants pussent se récréer quand il leur convenait, et que c'était double avantage, puisque, par cette multiplicité de scènes, il y avait un plus vaste débouché pour les auteurs.

Le spectacle commença. Les décors splendides ne laissèrent rien à désirer à Théodose ; par un sentiment de dépit, notre voyageur espéra se rattraper sur le style de la pièce, mais, dès les premiers mots, il écouta non plus sous cette impression, mais par une espèce de rage qui le forçait, en quelque sorte, à se bien convaincre qu'il n'y avait aucun côté faible par lequel on put, raisonnablement, critiquer ces gens, agaçants de mérite.

Le premier acte fut parfait. Le sujet de la pièce, tiré des livres européens apportés dans la colonie, était un roi fait prisonnier et emmené loin de son pays ; là, dans sa prison, il prie son Dieu ; quelqu'un qui l'entend lui fait observer judicieusement que ce dieu n'a pas de pouvoir dans l'endroit, puisque, malgré les prières à lui adressées par ses fidèles, les ennemis ont été victorieux. Le roi prisonnier tonne des mots splendides : culte ! religion ! salut ! desseins de la Providence, et il se décrépit avec ces vivifiantes choses, pendant que son fils, pris en même temps que lui, est élevé à l'écart, d'après les simples et vulgaires lois de la nature. Tous les mois, l'enfant vient voir son père ; il avait six ans quand la fortune ou son dieu lui a manqué ; il en a maintenant vingt ; c'est un jeune homme au jugement net, qui aime son père comme on aime un pauvre insensé. Enseigné sur les manières d'être des différents peuples, en même temps qu'il a appris les lois fondamentales de l'espèce humaine ; il sent avec force ce que l'homme est, et s'étonne devant le tableau de ces êtres bas de servilisme ou d'arrogance, pendant que, par comparaison, il admire l'homme vrai, si beau dans sa pure simplicité.

« Il n'existe dans l'homme que ce qu'on y fait exister, dit au roi son vieux gardien ; la société où vous avez vécu a fait de vous un suborné de fétiche et un despote d'homme, et c'est si bien la société et si peu une Providence quelconque, que de votre fils, né pour être à son tour adorateur et dominateur, nous avons fait un homme. L'homme fait et supérieur pense par la nature, mais l'homme enfant pense surtout par l'homme ; c'est à cause de cela qu'on vous a séparés. Contourné au pli de ceux qui se sont appuyés sur vous, vous auriez, par votre nature même, c'est-à-dire inconsciemment contourné l'être sur lequel vous vous seriez appuyé. Maintenant, votre fils est formé, vous êtes libre. » (1er acte).

Théodose s'ennuyait. En attendant la reprise de la pièce, Ulmé et les deux jeunes filles causaient ; Verdin et Nisia gardaient le silence ; aussi, avisant Mme Brunel, qui momentanément abandonnée par ses voisins, semblait songer en elle-même d'un faux air d'indifférence, Théodose résolut de l'aller saluer. La chose était d'autant plus possible, qu'une partie des spectateurs étaient déjà déplacés, les uns allant causer aux autres.

Théodose aborda Mme Brunel de l'air le plus cérémonieux, et celle-ci, avec un ton non moins guindé, répondit au salut étudié que lui faisait Théodose. Théodose, fin comme tous les gens qui vivent sans cesse en contact avec ce qu'on appelle le monde, connaissait par instinct les nuances imperceptibles avec lesquelles on se gagne le succès. Il savait tout ce que le négligé de son procédé du matin avait de choquant pour une femme comme Mme Brunel, aussi mettait-il une déférence des plus accentuée dans sa démarche près d'elle. Le procédé réussit, Mme Brunel, gagnée par cet abord respectueux, quittait, de parole en parole son air de reine inaccessible, et bientôt, tout-à-fait gracieuse par ce simulacre d'abaissement devant l'idole, elle descendit de son piédestal et la conversation s'engagea sur un ton terrestre.

« Seyez-vous là, dit-elle en désignant un des siéges vides à côté d'elle, cela se fait ici, chacun se rend sa place au lever du rideau. Eh bien! que pensez-vous de la pièce? ces gens n'ont rien d'humain, ce sont, en vérité tous des héros, mais trop d'héroïsme devient effarouchant.

— Il n'y a qu'une femme pour traduire ainsi les pensées les plus justes et les plus fines, reprit Théodose galamment. Je cherchais mon impression, vous venez de la traduire. En effet, tous ces gens sont des automates de grandeur; ils se sont moulés et, s'admirant eux-mêmes, ils restent immuables, quitte à s'ennuyer, car il n'est pas possible qu'ils s'amusent ainsi.

—J'avoue que, pour moi, j'honore fort ce mérite, mais je n'y prétends pas, répondit madame Brunel, je le trouve même quelque peu ridicule; il m'a toujours semblé plaisant que des puritains affectent de dédaigner ce qui fait la vie. A quoi les avance-t-il de s'imaginer que le monde est vicieux? A être insociables, voilà tout. Eh, mon Dieu! laissez les vices aux autres et ne vous occupez que de vous. On n'est pas plus drôle que ces réformateurs! A les entendre, tout est mal! Quand cela serait, cela les regarde-t-il?

— Il est de fait, madame, qu'il est on ne peut plus déplacé de s'occuper des manières d'être de qui que ce soit. Il nous plaît d'avoir une cour, des seigneurs, des titres et de rendre hommage à tout cela, qu'importe-t-il aux autres! Chacun vit à sa guise et il est parfaitement inconvenant et même saugrenu à ces puristes de prétendre à une direction sur nous.

— Evidemment. Nous ne les obligeons pas à prendre nos idées, qu'ils nous laissent, fit doctement madame Brunel.

— Vous avez, madame, un éclat qui éblouit et ne me laisse point à la conversation ; me permettriez-vous de vous aborder demain ; l'éclat sera toujours le même, mais peut-être je m'y accoutumerai, et si j'obtiens de passer quelques instants dans votre salon, je pourrai me croire de retour à Paris, au foyer de la distinction et de l'élégance.

— En vérité, monsieur, dit madame Brunel émue et baissant les yeux, la singularité de notre position oblige à transiger avec bien des usages. Nous ne nous connaissons sans doute que de la veille, mais il me semble que les circonstances..... Enfin, monsieur, je ne saurais refuser..... Si ma société peut vous aider à supporter l'ennui, je me ferais un scrupule de trop de réserve..... Vous serez le bienvenu, monsieur.

Théodose, sur ces mots, se leva et salua jusqu'à terre, puis il alla reprendre sa place; en même temps le signal étant donné, chacun en fit autant.

Deux autres actes déroulèrent la comparaison de l'homme-vrai et de l'homme-comédie.

« Le roi dessèche de regret de n'être plus qu'un homme; le fils du roi développe chaque jour son être suivant ses naturelles aspirations. Il se marie là où il aime, travaille au métier de son choix, agit comme il pense, aime l'humanité, honore la nature, c'est-à-dire aime son lui-même, honore sa raison d'être. Pour lui, homme, l'homme n'importe où, tel ou tel, comme ceci, comme cela, dans ce coin, sur ce pic, n'est que ce qu'il est lui-même : un homme. Seule, la nature compte pour lui, puisqu'elle est l'unique chose qui se chiffre dans l'être avec l'homme. Elle le fait, elle est la source où il se puise, elle est enfin son égale, tandis que l'homme ne saurait se chiffrer avec l'homme : une unité ne s'additionne point avec elle-même. L'Être ou la vie ne vaut, ne se chiffre, n'existe que parce que, divisé en fractions : homme et nature, et deux fractions uniques étant forcément l'une ce qui manque à l'autre pour faire son propre Tout, l'Homme et la Nature, attributs ou fractions l'un de l'autre, se comptent ou se savent forcément l'un par l'autre, attendu que l'homme ne peut exister sans toucher à la nature, qu'il n'y peut toucher sans sentir la différence d'elle et de lui ; de là, addition, chiffre, connaissance du nombre, qui est l'Être. C'est ainsi que l'unité primordiale existe. »

Thème abracadabrant pour l'homme-roi et, par suite, exclamations, contorsions, soubressauts du pauvre pantin, qui bientôt ne discute plus, épuisé qu'il est par la fatigue. Çà et là, dans ce fond sévère, quelques scènes charmantes, beaucoup d'utile et assez d'agréable, telle était la pièce.

A la fin du second acte, Théodose ne retourna pas près de Mme Brunel ; Verdin et Nisia lui causaient, et il n'osa les quitter. Heureusement, la conversation fut assez insignifiante, ce qui fit qu'elle ne l'ennuya pas trop.

Le spectacle finit vers dix heures à peu près ; on reprit le chemin de fer et, au retour dans la maison, les jeunes filles dressèrent une petite collation. Théodose trouva quelque goût à ce qu'on lui servait ; de plus, cette table entourée de ces trois femmes si joliment mises et si belles avait pour lui quelque chose de séduisant qui l'aurait cloué là toute la nuit ; mais la famille Verdin, après un temps convenable, leva poliment le siége, et forcé de s'aller coucher, notre parisien rentra dans sa chambre.

CHAPITRE X

GOUVERNEMENT UTOPIQUE

Ne sachant quoi faire, Théodose s'était mis au lit et avait repassé dans son esprit les détails de la journée ; mais la digestion l'ayant appesanti bientôt, le lendemain, il fut tout étonné de se souvenir qu'il n'avait pas veillé. La pendule marquait sept heures ; il n'entendait aucun bruit dans la maison : il en conclut que personne n'était levé. Pour attendre, il imagina à l'avance l'emploi de son temps. Il s'était promis d'aller voir Mme Brunel. La famille Verdin allait-elle encore s'occuper de lui ? S'ennuierait-il pendant les vingt jours qu'il devait passer dans l'île ? Voilà bien des sujets de méditation. Théodose y employa une bonne heure, puis, tout à coup, une idée le fit se lever · il apercevait le soleil brillant comme la veille, et le ressouvenir de sa chaleur le dirigeant, il alla prendre, sans trop s'en rendre compte, le pagne que Verdin lui avait offert ; comme inconscient de ce qu'il faisait, il se l'enroula autour des reins, et, ainsi ajusté, se mira dans la glace. L'effet fut foudroyant. Théodose reprit immédiatement ses idées et arracha au plus vite cette torsade impossible ; l'impatience l'empêchait, et il s'épouvantait devant son propre aspect : sa graisse boursouflant à l'air et redondant sur tous les endroits, cet hommasse flasque, d'une vie oisive, avait quelque chose d'écœurant ; il semblait voir à Théodose un Herpin quelconque du chausson ou de la savate, aux formes avariées par une longue mise au repos. Enfin, le maudit pagne céda. Théodose, en un clin-d'œil, eut passé chemise et pantalon, puis, pour ainsi dire inquiet de son aspect, il se regarda de nouveau. Rien n'avait transpiré, lui seul avait vu! Mais il se jura bien de n'y plus recommencer et accepta mentalement de mourir, plutôt que de se faire voir en athlète. Là-dessus, il procéda à l'investigation de sa garde-robe; elle était des plus complètes. En bonne ménagère, il pensa à faire blanchir ses chemises et s'arrêta un instant à la question de l'empois: était-il connu? Enfin, ce serait fâcheux, parce que le linge mou n'a aucune tournure. Sa pensée suivant une autre route, il regarda ses liasses de billets de banque, tourna, vira et décida de s'habiller. Les petits ustensiles sortirent de leurs boîtes. Théodose avait eu un jour de négligence, ce qui n'était pas peu de chose pour un homme aussi soigné. Le temps passé à l'agrément de sa personne le conduisit jusqu'à neuf heures largement sonnées. Quelques petits coups frappés discrètement à sa porte l'interrompirent au moment même où il constatait que sa tenue était parfaite; il s'empressa d'ouvrir; c'était Verdin.

— Ah! mais te voilà déjà prêt? dit ce dernier; viens déjeuner, ami. Je frappais doucement, de peur que tu ne sois encore endormi.

—Non, non, dit Thèodose, et il lui conta ce qu'il avait fait, sauf l'incident du pagne.

— Mon cher Théodose, dès que tu es réveillé, tu peux aller et venir dans la maison. Le climat nous oblige à nous lever de très-bon matin. A quatre heures, j'étais déjà parti; maintenant, ma tâche est finie, me voilà libre pour jusqu'à demain; il est vrai que le milieu de la journée ne compte pas, puisqu'on n'y peut rien faire, mais l'après-midi et la soirée nous dédommagent.

— Je vous félicite de cette organisation, dit Théodose. Et les femmes travaillent-elles aussi ?

— Celles qui ne sont pas mariées, oui ; elles doivent gagner leur vie, afin d'être libres ; mais la ménagère est considérée comme ayant la plus lourde tâche, car elle a à s'occuper de la confection du linge, des effets, du blanchissage, des soins du ménage et de la cuisine ; aussi l'honore-t-on par-dessus tout.

— Et le salaire des femmes, quel est-il ?

— Il n'y a de salaire ni pour les femmes, ni pour les hommes. Chacun fait sa tâche et ainsi tous ayant payé l'impôt du travail, tous s'en partagent le revenu. Le travail sociétaire est basé de manière à donner l'abondance, le large confortable ; étoffes, ameublements, outils, instruments, mécanisme, tout est fait bon et beau, mais les choses purement d'apparat n'ont point de corps d'état établi, par cette raison que : la seule justification du travail forcé, c'est la diminution du travail de chacun ; or, le travail ne serait pas diminué si une partie des êtres étaient employés à des superfluités. La société oblige de droit l'individu à faire sa part de ce qui fait la vie et la fait bonne, parce que, chacun pour vivre ayant besoin de l'utile, tous doivent faire œuvre utile, et nul ne peut se soustraire à sa tâche sous prétexte qu'il ne tient à rien, par ce fait que l'homme qui vit avec des êtres civilisés cesse d'avoir le droit de vivre en sauvage ; mais, également, la société n'a pas non plus le droit d'employer l'individu à la satisfaction des caprices de quelques-uns. Le travail nécessaire à l'existence est obligatoire à tous, attendu que tous qui vivent doivent naturellement établir ce qui fait vivre ; mais vivre pour l'homme n'est pas seulement assurer sa vie, mais bien en disposer comme il lui convient ;

on ne donnerait donc pas la vie à l'homme
si on ne lui donnait le temps à soi, et comme
ce temps à soi est la source du caprice, de
la fantaisie, de l'idée, il suit que cette manière d'organisation, loin de détruire le luxe,
le rend au contraire général ; l'homme indé-
pendant rêve de belles choses et exécute ce
qu'il imagine, puisqu'il en a les moyens,
d'autant plus qu'au plaisir de montrer son
talent ou son industrie, il joint le bénéfice
de troquer le surplus de son œuvre contre
le surplus d'une autre ; il y en a donc peu
qui n'acceptent d'occuper leurs loisirs pour
obtenir de posséder l'objet d'art ou la super-
fluité qui les charme ; seulement, au lieu de
ces pauvres ouvriers qui, ailleurs, nous a-t-
on dit acceptent pour un maigre morceau
de pain d'user leur vie, les uns à tailler le
diamant en mille facettes, à polir la perle,
à monter de superbes girandoles ; les autres
à tisser des dentelles, à confectionner les

broderies, les chamarages, ici ces choses ne sont faites que parce que des gens s'y amusent, et notre production contient malgré cela, depuis le simple goût jusqu'au beau immense, parce que toute nature humaine étant plus ou moins artiste, là où nul n'est empêché que par son propre talent, chaque nature diverse donne la totalité de ses forces; de là, quantité innombrable d'œuvres toutes diverses et toutes aussi complètes qu'elles le peuvent être.

— Sans doute, je comprends dit Théodose, il y a même une sorte d'émulation qui doit faire naître le progrès, parce que n'ayant pas à faire ces choses à la poussée, chacun y met toutes ses facultés afin de gagner les suffrages.

— Tu l'as dit, aussi nous avons beaucoup de chefs-d'œuvre.

— Mais, demanda Théodose, j'ai vu des boutiques d'alimentation; puisque vous n'avez pas de salaire, comment vous arrangez-vous pour le commerce ?

— Ce ne sont pas des boutiques, ce sont des dépôts, et ceux qui les tiennent accomplissent ainsi leur part de travail. Nous mangeons de la viande, nos légumes et nos fruits croissent au loin, et une famille ne va pas plus abattre une énorme pièce pour elle seule que courir à deux lieues à la recherche de quelques ignames ou un melon. Voici donc le système : certains abattent la quantité de bêtes nécessaires à la consommation, d'autres les livrent en détail au public ; des colporteurs s'en vont recueillir fruits et légumes, les apportent à la ville, et, pendant le temps réglementaire, des gardiens tiennent ces dépôts. Nul besoin de formalité ; comme on livre tous les jours et à tous ce qu'ils demandent, aucun n'a l'idée de faire provision inutile, puisqu'il n'aurait à qui le donner et que le lendemain lui-même aura plus frais, et il en est de même pour chaque chose.

— Vos chemins de fer, vos théâtres, comment sont-ils entretenus ?

— Par le travail de chacun. Les hommes employés à sa manœuvre ou à son entretien accomplissent par ce service leur tâche tout comme le bottier, dans son genre, accomplit la sienne, et comme le chemin de fer fonctionne plus de quatre heures par jour, il y a non pas double service pour les hommes, mais bien double nombre d'hommes pour le service. Pendant que ceux-là nous servent par ce labeur, nous, nous leur confectionnons le reste de la vie, et ainsi, échangeant notre œuvre les uns les autres, tout ici est à tous, c'est-à-dire tout est libre : le chemin de fer va, qui veut le prendre le prend, il n'y a pas d'autres formalités. Pour le théâtre, nous établissons une distinction ; sa construction et la manœuvre de ses machines sont décidés travail national, mais ses pièces et ses acteurs regardent l'initiative de chacun; s'il n'y avait personne qui aime à écrire ni personne qui aime jouer, nous n'aurions point de représentation, mais loin de là, comme tu dois t'en douter, nous avons auteurs et acteurs de reste, et faut-il un certain talent pour se faire distinguer parmi ce nombre?

— Tu m'as aussi parlé d'échange avec les contrées voisines, dit Théodose, qu'échangez-vous?

— Un surplus calculé de travaux que l'on fait en but de ce négoce et tout ce que l'initiative individuelle accomplit, ce qui équivaut pour le moins à autant.

— Et avec quatre heures de travail obligatoire par individu, vous avez assez?

— Oui, parfaitement.

— C'est si peu.

— Mais il y a tant de bras. Songe donc que tous fusionnant ensemble, toute administration disparaît; de là, plus de travail fictif, plus de forces perdues; et puis, je te le répète, après le travail obligatoire, l'individu s'occupe à sa fantaisie, et tu sais combien l'homme est laborieux dans l'exécution de ce qui lui plaît.

— Et quand il y a des malades?

— Plusieurs accomplissent, en supplément, la tâche des malades, et ainsi de suite, tous à tour de rôle.

— Mais celui qui n'a qu'un enfant et celui qui en a dix, comment faites-vous? Voilà malgré tout une distinction de fortune.

— Que tu as de mal à comprendre, mon cher Théodose; le travail n'est pas basé exclusivement de manière à entretenir ceux-là seuls qui travaillent, mais bien la société qu'ils forment, et la société, c'est l'ensemble forcément composé des valides, des enfants, des vieillards et des infirmes. Le valide a été enfant et a été soutenu, donc le valide doit à son tour soutenir les enfants ; le vieillard a travaillé son temps valide et s'est usé ; donc, à l'avance, le valide doit soutenir le vieillard, afin d'être soutenu à son tour : reste l'infirme, qu'il faut achever comme un bétail déterrioré, ou entourer de soins comme un être qui souffre ; or, quel est celui qui, pensant à soi, voudrait qu'on traitât l'homme comme la brute ? Donc, le valide, source, principe de la société, doit entretenir la société. Que telle famille soit plus ou moins nombreuse qu'une autre, il n'y a à cela nul intérêt, la société fait annuellement le recensement de ses têtes, le travail sociétaire est basé d'après ce relevé ; or, qu'il y ait dix enfants là, ailleurs un, cela n'augmente ni ne diminue la somme totale des enfants, et les enfants de chacun sont de droit élevés par tous, parce que les enfants étant la force à venir, la perpétuité de l'être, il n'est pas possible que le groupe, qui ne se continue que par ces êtres, laisse mourir à la peine ceux qui les ont engendrés. S'il en était ainsi, le cas du père de famille serait celui d'un jardinier qui, après s'être exténué seul à faire produire la terre, verrait sa récolte dérobée au moment même où il l'aurait conduite à point. Quiconque a arrosé, taillé, émondé un arbre, ou fourni les outils nécessaires à sa culture, peut prétendre à ses fruits ; mais celui qui simplement regarde faire, quel droit a-t-il, je te prie? Tu vois donc qu'une société qui ne participerait pas à élever les enfants n'aurait aucun droit légal sur aucun homme, puisque tous ne sont qu'enfants élevés, c'est-à-dire faits hommes. Une telle société ne serait qu'un antre où le plus fort et le plus faible chercheraient éternellement à se dévorer. Là, en effet, les enfants formés avec les angoisses, le sang, la chair du père et de la mère ne ont qu'un gibier que chacun traque, pour s'en préparer des festins, tandis que la proie qui échappe guette dans l'ombre le moment qui lui livrera le fratricide chasseur ; mais dis-moi, ami, existe-t-il pareille chose sur terre, voyons, peux-tu le supposer?

— Je ne m'occupe pas de politique, fit Théodose d'un air béat. Puis, voyant Verdin qui le regardait d'une façon assez inquisitoriale, il s'empressa d'ajouter : « Je comprends très-bien que la vie chez vous est accomplie en commun, cependant vous devez avoir certains qui ne font pas œuvre manuelle, par exemple vos jurisconsultes, vos avocats ?

— Nous avons, ami Théodose, quelques vastes intelligences qui emploient leur temps libre à nous éclairer par des écrits judicieux, clairs et basés sur les faits, voilà les jurisconsultes, les avocats des hommes ; s'il y a quelqu'un à juger, c'est ceux-là qu'on va quérir, mais ils n'en font point métier et n'attendent pas sur leurs siéges qu'il se présente quelque coupable comme pour justifier de leur utilité. D'ailleurs, toute la nation juge, attendu que nul ne peut être préposé spécialement à la justice par ce fait qu'on ne saurait pas plus donner la conscience que la taille par décret. Chacun juge suivant qu'il voit, comme chacun regarde suivant qu'il domine; aussi la justice ne vaut qu'en proportion que l'humanité s'améliore. Le verdict de tous ne constitue pas non plus la justice, car l'accusé peut dépasser son siècle et n'être coupable que de n'être pas compris, mais la justice d'un seul ou de plusieurs, c'est alors pour l'accusé le risque d'être innocent ou coupable, suivant que ses juges seront plus ou moins supérieurs. Le jugement de tous fait que l'homme relève au moins de la société, le jugement de quelques-uns place l'homme sous la dépendance de celui-ci ou de celui-là qui est quelquefois même son ennemi ; en un mot, le jugement de tous constitue le jugement de l'homme, le jugement de tels et tels est simplement le jugement de ces hommes.

— Mais comment faites-vous pour vous entendre, pour vous gouverner ?

— Nous avons des réunions toujours ouvertes où l'on discute tout ce qui peut entrer dans le cerveau humain : idées neuves, philosophie, littérature et arts. Or, les idées neuves entraînent les réformes, la philosophie amène le progrès, la littérature et les arts adoucissent l'âpreté du caractère ; tu vois donc qu'en nous occupant de ces choses, nous faisons de l'administration, de la justice, de la civilisation, et que si le défaut dans le rouage ou le vice dans l'individu vient à se présenter, le cas étant prévu et débattu à l'avance devant tous, la conduite à tenir est facile pour chacun ; de plus, il y a assez d'endroits appropriés pour que, s'il y a urgence, le peuple pût être convoqué sur le champ en délibération générale. Voilà tout notre gouvernement.

— Et ces réunions sont obligatoires ?

— Non, mais tout le monde, homme et femme, y va, parce qu'il y a un très-grand charme à entendre bien causer et à causer soi-même. Je dis bien causer, parce que l'habitude de juger donne à chacun une clairvoyance très-nette des questions, et l'habitude de parler devant le monde, une non moins grand facilité de les débrouiller et d'en montrer le fonds. Aussi ne propose-t-on que des choses belles et justes. Et puis, comme l'homme n'est pas qu'un pur esprit, qu'il a un corps qui s'entretient de matière, nous avons eu souci de cette matière, afin qu'elle n'entraîne pas l'esprit ailleurs ; d'après cela, nous avons fait de nos salles de réunion des endroits splendides : chacun y est assis à l'aise devant des tables, on boit en compagnie toutes sortes de rafraichissements, on grignotte des friandises, et entre les longs intervalles qui séparent régulièrement chaque discours, l'auditoire discute à son aise. C'est une manière d'être désœuvré qui joint l'utile à l'agréable.

— C'est le vrai pays de Cocagne !
— Non, c'est le pays de l'Utopie.
— Mais pourquoi ce nom de l'Utopie ?
— Parce qu'en lisant vos livres, nous avons vu que chez vous toute vérité avait nom Utopie, de là nous en avons conclu que Utopie signifiait Vérité, et, voulant qualifier notre île Ile de la Vérité, nous l'avons appelée Ile de l'Utopie.

Théodose se mordit les lèvres et ne répondit rien.

Le déjeuner était fini, on se leva. Notre Parisien annonça son projet d'aller voir Mme Brunel, on lui enseigna la route, c'était d'ailleurs tout proche. Aussitôt notre homme endossa son surtout, prit, pour la forme, son chapeau et ses gants à la main, souhaita bonne sieste à la famille et s'achemina tout rêveur vers l'habitation de sa compatriote.

CHAPITRE XI

TÊTE A TÊTE REMARQUABLE

Fort heureusement, pour arriver chez Mme Brunel, on pouvait éviter le soleil, aussi Théodose fit la route s'en presque s'en apercevoir; il songeait. Quelques minutes à peine et il était devant la maison, il souleva légèrement le marteau ; après un court instant d'attente, la porte tourna sans qu'aucun bruit se fût fait entendre; Mme Brunel aparût coquettement arrangée, s'inclina précieusement comme toujours, vite, Théodose en fit autant, et, l'un suivant l'autre, tous deux traversèrent cérémonieusement le couloir et se resaluèrent avec solennité, alors qu'arrivés au milieu du salon, Mme Brunel avança un siége et que Théodose s'y assit.

— Madame, commença Théodose avec cette intonation mesurée et ce parler lent des gens de bonne compagnie, je crains d'avoir troublé votre repos en me présentant à l'heure de la sieste, mais je redoutais tellement d'être accompagné par ma horde sauvage que je me suis échappé comme un prisonnier, et que, comme un prisonnier, je viens chez vous d'assaut et non point en visite; ma position est bien un peu une excuse, n'est-ce pas, madame, et sans trop d'audace, ne puis-je espérer qu'elle me justifiera?

— Je me fais un très-grand plaisir de vous enlever toute inquiétude à ce sujet; je ne dors jamais le jour, dit Mme Brunel avec affabilité. La dame veuve, chez qui l'on m'a logée, repose en ce moment, mais cette manière de vivre ne me sourit pas, j'aime mieux lire, broder, écrire ; il est vrai que je ne travaille pas comme elle le matin.

— Vous travailleriez, madame, qu'il en serait de même ; ces gens ont de la brute en eux ; dès qu'ils sont fatigués ou qu'ils ne peuvent rien faire, ils dorment ! Comme si ces loisirs ne seraient pas plus convenablement employés à causer ou à jouer ; ah ! madame, à qui vous comparez-vous ?

— A de fort jolies personnes, dit finement Mme Brunel, car elles sont presque toutes belles.

— Oui, mais sans grâce, sans agrément ! Ma cuisinière, belle, n'existe pas pour moi ; c'est la distinction, c'est l'élégance, c'est la délicatesse d'une femme qui en fait la beauté ! Que me parlez-vous de Vénus, manœuvrant, mangeant, buvant et dormant sous la suée du travail ou de la forte digestion, cette Vénus-là me semble toujours prête à remplacer l'arme si exquise du dédain par le coup de point de l'amazone, et nous autres hommes, nous aimons cette suavité, cette impressionabilité qui fait de la femme une sensitive, mais nous avons horreur des luronnes.

— Ah! ah! ah! fit Mme Brunel, délirant d'aise, c'est affaire à vous d'arranger le monde! Si une femme disait le quart de ce que vous dites, on la taxerait de jalousie, moi je vous taxe de trop d'exigence, car elles sont vraiment bien.

« Oui, pensait Théodose à part lui, elles sont vraiment bien, et toi tu es assez cocasse; mais je suis loin de mon pays, ces femmes élevées tout autrement que les nôtres ne sont pas pour moi; la société de ces hommes ne m'est pas davantage praticable, si donc je veux me garder un passe-temps, il faut absolument me conquérir les bonnes grâces de cette coquette, et le seul moyen de plaire à ces esprits étroits et ridicules, c'est de les encenser. » Aussi, moitié riant de lui et de Mme Brunel, il répartit d'un air convaincu et mécontent : « Il en sera, madame, comme vous voudrez, mais les femmes d'ici ne me plaisent pas, et puis, ajouta-t-il après une pose, j'ai pour cela des raisons que vous ne pouvez avoir vous-même. » Ce disant, il regarda Mme Brunel d'une certaine manière; celle-ci rougit et baissa les yeux.

« Allons, se dit notre homme, cela prend, comme il en faut peu pour ces têtes-là ! » Là-dessus, tout à fait assuré d'aplomb dans son rôle, il s'enfonça dans son siége et dessina une allure de conquérant.

— Que pensez-vous de Nisia? dit tout-à-coup Mme Brunel, à qui ce silence devenait embarrassant. Elle dit cela d'un petit air dégagé. »

— C'est une honnête femme, répliqua Théodose froidement.

— Elles le sont toutes ici, ricana la coquette comme en un sarcasme, et il n'en saurait guère être autrement, car pas un homme ne fait la cour à une femme que pour l'épouser ; on ne s'aime que par contrat! Vous parliez de séduction tout-à-l'heure, monsieur de Paris, je vous conseille de l'implanter en ce pays, si vous voulez qu'elle florisse, car elle est jusqu'alors tout-à-fait inconnue.

— Là où vous avez passé, madame, que ferais-je après vous ?

— Une femme n'a pas les moyens que possède un homme ; nous ne sommes que pour nous défendre, vous pour attaquer.

—Permettez, madame. Quand nous attaquons, c'est une riposte. La beauté nous éblouit, ce qui éblouit domine ; or, quand nous livrons assaut à la beauté, ce n'est, vous le voyez, qu'un cas de légitime défense.

Mme Brunel souleva lentement son coude, l'appuya sur le bras du fauteuil, déposa son menton dans sa main, puis elle resta ainsi posée, ses yeux regardant vaguement bas devant elle, tandis qu'un sourire d'une coquetterie raffinée, en même temps que dédaigneux, plissait son visage et lui donnait un air de suprême affecterie.

Théodose, lui, observait, additionnait le jeu et se comptait d'autant plus en héros, qu'il faisait mouvoir d'autant plus superbes batteries. Très-bien! pensait-il, c'est toutfait réussi; puis, tout haut:

— Que vous êtes belle, madame! Je sens bien que vous riez de moi. Soyez cruelle, c'est votre droit, mais moi je ne puis que vous admirez.

— Grand Dieu! fit Mme Brunel, traînant sa voix avec une nonchalance extrême et lui donnant l'intonnation la plus railleuse, les mots de cruauté s'emploient pour peu de chose dans la bouche d'un homme, vous me dites que je suis belle, et vous voilà outré parce que je ne rayonne pas sous cette louange!

— Vous avez raison, madame, mais on aimerait tant que ce qui émeut eut un doux écho dans une autre émotion!

— On aimerait sans doute beaucoup de choses, continua Mme Brunel toujours sur le même ton, mais il faut bien se passer quelquefois de ce qu'on aime.

— Oui, Madame, articula Théodose en un soupir.

— Mais voyez, s'écria Mme Brunel, radieuse de l'adoration qu'elle voyait à ses pieds, et changeant d'allures, vous êtes ici et je ne vous ai pas encore demandé comment vous vous trouvez chez la famille Verdin? Y êtes-vous bien?

— Très-bien pour les nécessités de la vie, répondit Théodose mélancoliquement.

— Il ne faut pas rêver le prestige et le sentiment, dit Mme Brunel d'un ton de sermon calin, vous ne les trouveriez pas parmi ces gens. On vous soigne, on vous dorlotte; n'en demandez pas davantage, vous ne seriez pas compris ! Un peu d'ennui est bientôt passé, il y a bien un mois que je vis, moi, avec ce monde-là !

— Je vous plains, Madame !

— Point du tout, je m'y fais, et quand je pense à ma sensibilité de jadis, je suis presque tentée de me trouver ridicule, fit Mme Brunel avec une enfantine ingénuité.

Pour le coup, Théodose eut envie de rire; il changea de posture afin de mouvementer la situation, passa son mouchoir sur son visage, puis, comme étonné, regarda attentivement un tableau en face de lui.

— Ce tableau est joli, n'est-ce pas, dit Mme Brunel, un peu décontenancée.

— Plus que joli, il est beau ; voilà un effet de mer comme je n'en ai jamais vu, et Théodose comme attiré par l'admiration, se leva, ajusta son lorgnon, et s'alla camper devant la toile : Excellent, parfait, murmurait-il; disant cela, il pensait à l'effet que devaient produire ses paroles et le déploiement de sa belle taille. Toute la galerie, composée d'ailleurs d'œuvres excellentes, fût passée en revue. Si quelque joli minois était représenté, Théodose alors ôtait son lorgnon, qui, comme chacun sait, n'est le plus souvent qu'une affectation d'infirmité décrétée de haut goût. Pendant ce temps, Mme Brunel se considérait dans la glace, chiffonnait un pli, agrémentait une mèche et toujours essayant une dernière posture, expliquait négligemment à Théodose que les œuvres qu'il admirait étaient du fils ainé de la Dame veuve maîtresse de la maison. Ce fils était mort, il avait comme profession sociale l'état de berger. « Vous devez savoir, ajoutait la coquette en riant aux éclats et regardant l'effet d'une torsade de corail enroulée à son bras, vous devez savoir qu'ici chacun doit faire quelque grossier métier. Aussi, un autre fils qui reste à cette dame est pêcheur ; c'est l'auteur de la fameuse pièce d'hier soir.

— Elle serait bonne à jouer chez les trappistes, leur pièce, dit Théodose d'un air de connaisseur mécontent. A propos, continua-t-il en venant se rasseoir, si vous saviez combien j'ai été ennuyé dans le trajet de la maison au théâtre ; j'avais à côté de moi un pédagogue de la pire espèce. Non, vous n'imaginez pas ce que j'ai enduré.

— A qui dites-vous cela? s'écria Mme Brunel. Songez donc, Monsieur de Paris, que quand je suis venue ici, il en a été de même pour moi : j'ai dû subir des démonstrations impossibles et sans fin ; heureusement, il se sont lassés, et maintenant on me laisse tranquille.

— Je ne vous ai point vue à la gare,

madame; vous étiez probablement dans la salle des premières ?

—Il n'y a pas de premières, dit Mme Brunel d'un ton de profond mépris. Apprenez, Monsieur de Paris, qu'ici l'égalité règne et qu'il est hors la loi d'avoir des délicatesses. Des premières! mais vous n'y pensez pas. Est-ce que le premier venu n'a pas le même droit que vous d'être bien placé?

—C'est comme au théâtre, appuya Théodose avec non moins d'aigreur, avez-vous jamais vu qu'il n'y ait pas de démarcation pour la fortune ou les rangs? Il est vrai qu'ici ils ont tous l'opulence et sont tous bien élevés; mais aussi quel pays! Il n'y a pas de charme, plus de suprématie, plus de gloire, pourquoi vivent-ils ?

—Je me le demande, ajouta avec vivacité Mme Brunel. Les émotions doivent être rares chez eux, car où en auraient-ils? Dès qu'ils aiment ils se marient, et après jamais de passions, de désespoirs, de rêves ! Pour peu qu'on ait quelque sentiment, on étouffe parmi ces êtres vulgaires. Quand on pense que nul éclat n'y est possible, nul prestige ! qu'ils ont tout nivelé, enfin !

— S'ils ont tout nivelé, madame, ils n'ont pas calculé l'imprévu. Qu'il n'y ait pas de premières au cercle, de loge d'honneur au théâtre, pas de haut bout à la table, pas de trône pour la royauté, qu'importe ! La royauté domine par elle-même, son élévation est en elle ! Soyez, madame, là ou là, vous serez toujours reine de grâce et de distinction ; pour ignorer la royauté, madame, il faudrait ne pas vous avoir vue.

Prononçant ces paroles de l'air galant et sceptique d'un séducteur assuré de plaire, Thédose se leva.

— Vous partez, dit vivement Mme Brunel, puis elle s'arrêta confuse.

— Pour ne point abuser du bien précieux

qui m'est offert, Madame, et mériter qu'il me soit accordé souvent. Théodose disait cela avec une grâce exquise, mais impertinente de sûreté.

— Revenez quand il vous plaira, murmura doucement Mme Brunel, et elle se leva. Je ne voudrais cependant pas vous enlever à la famille Verdin, continua-t-elle; mais comme il y quatre jours de travail et un jour de repos, il est bien naturel que dans les jours où l'on ne peut s'occuper de vous, vous soyez libre.

— Peste, dit Théodose, ils ont le culte du dimanche! quatre jours pour ne guère travailler et le cinquième pour se reposer.

— Se reposer, fit Mme Brunel avec une mine ironique, si on peut appeler ça se reposer, car ils sont toujours à fabriquer quelque chose; mais enfin c'est jour de repos, puisqu'il n'y a pas de travail obligatoire.

Vous avez fait votre entrée dans l'île un de ces jours-là.

— Je ne m'étonne plus qu'ils étaient si splendides.

Mme Brunel et Théodose étaient debout ; Mme Brunel n'osait dire à Théodose de se rasseoir, Théodose hésitait entre trouver un prétexte pour rester encore ou s'en aller ; il commençait à avoir envie de dormir ; cette dépense d'esprit immédiatement après manger, jointe à l'influence de l'heure, l'avaient fatigué, et comme il sentait que devenir froid après sa galanterie eût été d'un fâcheux effet, il jugeait préférable de se retirer. Certes, la société de Mme Brunel ne l'enthousiasmait pas, mais la conversation de n'importe quel habitant le faisait rager, et notre mondain mille fois aimait mieux s'ennuyer à une pasquinade que de discuter une chose de sens commun ; d'après ces réflexions pensées en un clin-d'œil, il tendit, incliné, sa main à M*me* Brunel qui, indécise, ouvrit la sienne sans la bouger, lui s'empara de cette main doucement, doucement l'attira à ses lèvres et, marchant quelques pas à reculons, il prit congé.

M*me* Brunel revint seule au salon, s'assit comme elle s'était assise, se parla à la glace, comme elle avait parlé, se sourit, s'enchanta, se séduisit elle-même, et légère, rayonnante, elle courut à un joli bureau, l'ouvrit, et ayant attiré devant elle un cahier assez volumineux, d'abord elle regarda ce cahier comme en méditant, puis, approchant vivement un siége, elle s'assit, tourna les feuillets, relut les dernières lignes et écrivit à la suite :

« Ma chère Emma, tu as déjà eu le grand incident de l'arrivée de Monsieur de Paris, dans l'île, mais aujourd'hui mon journal va s'augmenter d'un bien autre événement. Comment dire cela à brûle-pourpoint? Quels mots employer? Cependant, mon Dieu, est-ce ma faute! Tu m'as déjà comprise, n'est-ce pas? Monsieur de Paris est venu et il est pris. J'ai questionné Nise, je sais qu'il est garçon, je suis veuve. Eh bien, non, il n'est rien de ce que tu imagines ; je ne pense point à abdiquer ma liberté, mais je suis fière quand je vois qu'à mon âge je l'emporte encore sur des femmes que cependant je suis moi-même forcée d'admirer. Ah! ma chère, si tu l'avais vu, il est ensorcelé. C'est presque ridicule de faire passions sur passions, et si ce n'était à toi, je n'oserais sûrement le dire ; comprend-on que je ne puisse aller et venir, causer, sans être assaillie d'hommages, tandis que je vois de fort jolies personnes, et même qui se permettent des allures assez libres, n'être jamais recherchées ? » Mme Brunel s'arrêta un instant là-dessus, et une auréole de gloire envahit sa physionomie. « Ah! reprit-elle, en se dictant tout haut, quelle distinction, ma chère, qu'il est parfait! Il brillerait entre tous à Paris, pense à ce qu'il doit être ici; mais moi seule le comprend, il le sent bien, aussi il m'aime! il m'aime!..... » Mme Brunel suivit ce mot; pour ne voir que lui, elle ferma les yeux, et se renversa doucement sur le dos du fauteuil; quelques instants plus tard, sa plume tombait sans qu'elle songeât à la ramasser. Le mot avait entraîné la dame jusques dans les nuages.

Pendant ce temps, Théodose rentrait, se couchait et ne pensait qu'à une chose, c'est qu'il commençait à s'ennuyer.

CHAPITRE XII

UN MARIAGE A L'ILE DE L'UTOPIE

Cependant, mangeant bien, dormant souvent et se promenant le reste, Théodose atteignait chaque lendemain plus facilement qu'il ne l'avait pensé. Ayant appris le soir même de sa visite à Mme Brunel, que celle-ci était veuve, il avait jugé prudent de ralentir son empressement, et la belle dame, qui prenait cette réserve pour la timidité craintive d'un amour vrai, s'évertuait à faire entendre au supposé martyr qu'il n'était point tant dédaigné. Aussi, tout en croyant n'avoir l'air que d'accorder quelques complaisances, elle l'obligeait pour ainsi dire à l'emmener aux musées, aux bibliothèques ou à toute autre excursion.

Un soir à table, Verdin dit à Théodose : « C'est demain le mariage de Nise, si tu veux y assister, tu feras bien ! Tu es notre hôte, et un hôte fait partie de la famille.

—J'irai avec plaisir, avait répondu Théodose.

Le lendemain, à six heures, Verdin, qui connaissait les habitudes de son hôte, vint le réveiller.

— C'est pour huit heures, lui annonça-t-il ; je n'ai pas voulu que tu sois obligé de te bousculer pour être prêt.

—Merci, dit Théodose, je vais me lever.

— Et moi, pendant ce temps, ajouta Verdin, je vais emplir deux verres de cet excellent vin blanc que tu aimes; il n'y a rien de tel pour chasser les lourdeurs du réveil.

Théodose sourit, et un instant après les

deux hommes choquaient le verre, se souhaitant affectueusement la santé.

— Hé bien, à tout-à-l'heure, dit Théodose, en rentrant dans sa chambre.

— A tout-à-l'heure, répliqua Verdin.

Quand Théodose fût prêt, il chercha à quoi passer son temps ; il n'osait aller dans le jardin de peur de se mouiller à la rosée ; il ne lui souriait pas de lire, aussi jamais main ne fut plus soignée que la sienne ; pendant une demi-heure, il gratta, lima, polit ses oncles. Un bruit confus qu'il entendait dans le lointain allait se rapprochant; Théodose, à travers la jalousie, aperçut une grande foule resplendissante. Tout ce monde approchait d'un pas égal, et à peu de distance de la demeure, une fanfare éclatante fit tellement timbrer chaque chose, qu'on eut dit que les objets inertes étaient entraînés dans la vie par ce tourbillon musical. Devant la porte, marche et musique cessèrent; comme à un mot d'ordre, chacun resta muet, immobile. Alors, se détachant sur cette rigidité complète, un jeune homme avança; Théodose reconnut Ulmé.

Ulmé franchit l'entrée, traversa la cour, monta les marches du perron, disparut à l'intérieur, et quelques secondes après il reparaissait tenant Nise par la main. Fanfares et acclamations retentirent alors jusques à faire trembler la voûte éthérée. Ces deux êtres superbes, vêtus de blanc splendide, isolés là sur ces marches devant leurs semblables qui les contemplaient, semblaient l'apparition magistrale de la vie, la personnification de l'incommensurable majesté de l'être humain! La main dans la main, modestes, tranquilles, ils descendaient, et leur simplicité se sculptait en un relief éclatant détachée ainsi sur ce fond de détonation triomphale. Derrière eux, Verdin et Nisia, accompagnés de Théodose, descendirent à leur tour ; alors les grands parents d'Ulmé vinrent à eux, et les deux familles s'embrassèrent avec effusion. Ce fut comme un signal, les musiciens cessèrent de jouer, chacun des assistants sauta au cou de l'autre, comme si, mariant un des leurs, ils eussent tous marié leur sœur ou leur fille. Après un moment de bonne expansion, le cortége se prépara à partir. Nise prit rang entre son père et sa mère, Ulmé entre les deux vieillards, l'orchestre entonna une marche agréable, et deux à deux, tous défilèrent en un immense ruban plus varié que le prisme et non moins éblouissant.

Après un trajet assez court, on arriva devant un magnifique édifice perdu en quelque sorte au milieu d'arbres séculaires, de massif et de pelouses. C'était une immense salle ronde exhaussée sur de larges dalles en marbre blanc ; le dôme élevé était supporté par des colonnes admirablement sculptées ; aucune fermeture. Entre chaque colonne on pouvait voir du dehors ce qui se passait à l'intérieur.

Au centre de cette salle s'élevait, haute et large, une estrade entourée d'une balustrade en métal argenté ; cette estrade servait de socle et de pourtour à une table également en marbre, comme tout le reste de l'édifice. Sur cette table était une énorme boîte d'argent massif, ciselée avec le plus grand art, et devant, pour unique siége, une merveille de fauteuil de même métal que la boîte, avec coussins en filigrane travaillés aussi finement que la toile.

Quand la noce arriva au pied des degrés, la musique cessa, le défilé se réunit en groupe et les deux familles étant entrées, chacun, à la suite, pénétra dans l'enceinte ; le fauteuil était occupé par un vénérable vieillard qui se leva pour recevoir l'assistance.

Chacun s'inclina respectueusement, et les futurs époux, accompagnés seulement de leur père et mère, montèrent sur l'estrade. Le vieillard, alors, ouvrit la boîte d'argent ; elle contenait un livre en parchemin. Ce livre fut ouvert à son tour, et au milieu de l'attention générale, le vieillard parla ainsi :

« Mes enfants, ce livre, conservé de génération en génération, est l'attestation solennelle de l'affection d'un être pour un autre ; cette attestation volontaire et publique ferme, sous peine de déchéance d'honneur, le chemin à un autre choix, en même temps qu'il rend sacré, c'est-à-dire isole de toute convoitise les deux êtres qui, s'étant échangés en un même don, ne sauraient plus se donner à personne, mais bien être volés. Si, avant de vous engager, vous réfléchissez et reculez, vous êtes sages; si, peu convaincus, vous persistez, vous êtes criminels, et le remords comme le malheur vous attendent. Ne croyez pas que si près du but et devant tous, il soit honteux de rétrograder; ce n'est que sur le bord du précipice qu'on en juge la profondeur, et ceux qui vous accompagnent vous voyant retourner en arrière, vous félicitent de n'avoir voulu entraîner personne avec vous, alors que vous n'étiez pas sûr de la descente. Aussi, mes enfants, méditez une dernière fois et n'oubliez pas qu'il y a autant de gloire à dompter un entraînement que vous savez ne pouvoir être durable, qu'à accomplir sûrs de vous-même le devoir de toute la vie. »

Le vieillard avait cessé de parler, que rien ne troublait l'absolu recueillement. L'auditoire était pâle; sur l'estrade, les enfants et les parents pleuraient silencieusement. Nisia regarda sa fille; l'enfant se jeta à son cou et sanglotta. Les vieillards saisirent les mains d'Ulmé, qui, les joues couvertes de grosses larmes, se contractait pour ne point éclater. Mais la mère arracha sa fille, qui l'étreignait : « Mes enfants, dit-elle, que les nobles paroles de ce vieillard et votre dignité de créature humaine vous guident. Libres, tout est à vous, puisque vous êtes à vous-même ; mais celui qui est libre doit toujours être noble dans ses agissements.

— Nise, s'écria subitement Ulmé, se tournant vers la jeune fille, Nise, douterais-tu de toi ?

— Non, dit-elle en lui tendant la main, et tous deux souriant et pleurant, se placèrent en face du livre.

« Moi, Nise, fille de Verdin et de Nisia, j'accepte pour époux Ulmé, » dicta le vieillard. Ecrivez, mon enfant, et lisez haut ce que vous venez d'écrire. »

Nise écrivit, termina en indiquant l'âge et la date, puis lut nettement et distinctement ; alors ce fut autour d'Ulmé, et tous deux ayant signé, les parents approuvèrent à la suite: après vinrent les anciens, et le livre fut renfermé dans son enveloppe de métal.

« Mes enfants, reprit le vieillard, la paix de chaque foyer assure la paix publique, les époux vertueux font donc œuvre civique et la nation leur est reconnaissante. Ulmé et Nise, vous êtes époux, la nation compte sur vous. »

Les deux jeunes gens s'emparèrent des mains du vieillard et les baisèrent respectueusement; lui les attira ensemble et les serra dans ses bras : « Allez, nos fils, dit-il, continuez notre tâche; nous, nous ne pouvons plus que vous regarder; maintenez et améliorez sans cesse ce que nous avons fondé, afin que les vieillards n'aient pas la douleur de survivre à leur œuvre détruite, et ainsi, de descendance en descendance, s'éternisera chez nous le bien de l'humanité. »

Sur ces paroles, le vieillard tendit les mains aux parents ; tous les lui serrèrent avec une affectueuse déférence : « Chers amis, ajouta-t-il, allez maintenant vous réjouir ; la société, elle aussi, se réjouit de cette union. »

Alors, la famille descendit de l'estrade, mais le vieillard resta jusqu'à l'heure déterminée pour le temps des mariages. Chacun sortit, et tous, en se retournant, saluaient.

La musique, qui avait pris les devants, acclamait, avec un air des plus joyeux, la réunion et la mise en marche du départ ; cette fois les mariés allaient en tête, et, s'entraînant eux-mêmes, violons et fifres déliraient tellement qu'il fallait être dépourvu de toute élasticité pour ne se point sentir envie de lancer une fugue en avant, aussi marchait-on vite pour le simple plaisir de suivre l'impulsion.

Ainsi entraînés, les uns chantant, les

autres s'agitant, cette société, belle, vaillante, déployant ses admirables formes avec une aisance qui lui donnait la grâce parfaite, tandis que la sévérité naturelle de sa puissance était adoucie par l'ornementation la plus fantaisiste, la plus ruisselante, la plus bigarrée, cette société semblait une troupe de joyeux échappés de l'Olympe, s'ébattant à l'aise sans souci des mortels.

Les ailes de la gaîeté les eurent bientôt transportés au lieu du festin. En pleine forêt, un palais n'ayant pour limite de ses jardins que le bois s'ajoutant à l'oasis et l'oasis succédant au bois, reçut les aimables convives. Là, dans une des immenses salles éclairées de gigantesques fenêtres, un service féerique enthousiasmait la vue, en même temps qu'une odeur succulente enivrait l'odorat. En véritables affamés, chacun, au milieu du brouhaha, s'invitait un compagnon de table, et tous assis se relevèrent aussitôt pour porter le toast à la nation et à sa perpétuité, qui est le mariage.

Le soleil dardait ses rayons sur la forêt, quand la noce se mit à table sous l'ombre de ses arbres, et le soleil disparaissait doucement au loin derrière les flots, quand elle se leva rassasiée. Chants, musique et danse avaient servi de repos à l'esprit fatigué.

Une certaine nonchalance avait remplacé la vivacité du matin; après quelques pourparlers, on se mit en route mollement, vers les sentiers sinueux et touffus. Les plus avancés hélaient de temps en temps les retardataires, mais ceux-ci, avec une tranquillité parfaite, se laissaient héler et n'activaient pas d'une semelle leurs pas alourdis. C'était un véritable épanouissement de satisfaction, nul n'avait l'idée de tendre seulement une fibre, comme on allait, on allait; si la pesanteur du bras l'entraînait à pendre le long du corps, on le laissait pendre; si l'idée était de partir en une voltige, on s'élançait comme le vent, le caprice présidait en maître, et les uns culbutant, les autres traînant, ceux-ci voyageant d'arbres en arbres, ceux-là exécutant un pas de danse, la société arriva, chacun à sa façon, au bord d'un large étang. D'élégantes gondoles attendaient au rivage le bon vouloir. Immédiatement, joyeux embarquement de la troupe, nulle crainte, chacun nage mieux que les poissons ; départ, chasse, poursuite, les rameurs se sont échauffés, chaque gondole lutte à dépasser l'autre. Bientôt ce plaisir ne charme plus, on le laisse, et, par d'autres chemins, on décide de revenir ; d'ailleurs, sous ces innombrables branches entrelacées, le jour baisse vite ; sans se presser, on repart, mais on ne s'arrête plus. Le chemin est long ; l'ombre voile peu à peu les objets, les uns ferment les yeux de peur de voir les ténébreuses épaisseurs, les autres fouillent avec hardiesse, espérant découvrir quelque allure nouvelle de la vie; il semble que l'obscurité soit une énigme, les craintifs s'en effrayent, les audacieux s'y dilatent et les tranquilles s'harmonisant avec l'influence qui les entoure, chantent lentement quelque suave mélodie; la jeunesse espiègle se trouve trop sage et cherche pour s'amuser à effrayer les oiseaux endormis; les songeurs rêvent aux sphères d'où viennent les grandes ombres, et, ô désenchantement! d'autres parlent simplement de hâter le pas, parce qu'ils ont faim.

Cheminant de même, et pensant si différemment, la compagnie arrive en vue du palais. Des globes de verres illuminés ont été disposés çà et là, aux arbres, dans les taillis, profusément en tel endroit, parcimonieusement en tel autre, de là, des reliefs vigoureusement accentués sur d'égales profondeurs. Chacun préfère s'asseoir en dehors ; aussitôt les plus jeunes vont chercher liqueurs et pâtisseries ; on verse à la ronde, on boit, on mange, on reboit encore, et le désir les prend d'aller s'enfouir parmi ce feuillage si coquettement lumineux, si ombré, si fantastique. La singularité flotte pour un instant autour des choses réelles ; l'être tout ravi suit d'entraînement chaque allure capricieuse, l'imagination a conquis la raison, elle va à son gré, et dans chaque objet elle crée la transformation qui lui plaît. Pendant que les uns fuient la clarté et prennent plaisir à sembler s'abîmer dans l'ombre, d'autres glissent sans bruit à travers le feuillage éclatant ; ceux-là vont disparaissant lentement vers les noires profondeurs ; ailleurs, d'un fond opaque, débouchent tout-à-coup des apparitions resplendissantes ; de chaque buisson, de chaque fourré, de chaque tronc d'arbre surgit un être, on dirait que la forêt est peuplée de créatures mystérieuses et multiples. Ce même panache rose, si gracieux à voir, se fond peu à peu dans l'éloignement vague en une figure d'oiseau étrange, étendant ses ailes sur la tête d'un personnage incertain ; cette même belle fille, si amplement taillée, si fraîche, si vivace, se transforme dans sa marche lointaine en une vaporisation diaphane ; enfin, suivant que la lumière éclaire ou que l'ombre noie, l'aspect change et le même personnage entrevu en vingt endroits différents semble, toujours le même, être vingt fois nouveau.

Théodose, qui a passé par toutes les périodes de la fête, ne sait plus au juste où il est ; il se croit aux jardins Élyséens, parmi des divinités ou des ombres, et comme on lui offre souvent à boire, et qu'il prend les échansons pour Hébé et Ganimède, il n'ose refuser, ce qui achève de lui perdre tout-à-fait les esprits. Il est étendu paresseusement entre deux massifs éclairés, et là, les gracieuses fantasmagories se croisent et se recroisent devant ses yeux demi-clos. Cependant, une forme s'est arrêtée devant lui; Théodose regarde et reconnaît Mme Brunel, mais il mélange Mme Brunel et l'Olympe, et pas plus étonné que cela de rencontrer une mortelle en ces lieux : — Quelle beauté ! lui dit-il.

— Oh ! fit la dame, en minaudant.

— L'esprit s'y confond, continue Théodose, je ne sais si je dors ou je rêve.

— J'ose dire, à coup sûr, que vous vous faites illusion, reprend la dame, qui croyait que le mot de beauté était pour elle.

— Illusion ! repète Théodose en colère. Nymphe, ne détruis pas le charme ! Serais-tu l'esprit malfaisant de ces lieux !

— Comment, l'esprit malfaisant? exclame Mme Brunel, ahurie.

— Nymphe, ne m'en veux pas, fait Théodose, avec un geste fatigué.

— C'est véritablement ici les délices de Capoue, dit ironiquement la prétendue Nymphe.

— Capoue! répète machinalement Théodose.

— Oui, Capoue! reprend à son tour la dame, est-ce que monsieur n'entend plus que la langue des dieux?

— Nymphe, vous avez de l'esprit.

— Ce n'est pas défendu, dit-elle avec un sourire satisfait.

— Non, mais comme çà n'est pas non plus édicté par la loi, on doit savoir gré aux gens qui en ont quelquefois, riposte Théodose d'un ton goguenard. Il en voulait à la Nymphe.

— On s'aperçoit, en effet, que ce n'est pas obligatoire, dit-elle, et elle s'éloigna.

Théodose cherche le sens de ces paroles, mais il lui échappe parmi mille autre idées qui s'entrechoquent dans son cerveau; puis un groupe l'entoure, l'entraîne, il marche au milieu, il arrive dans un endroit où il y a un lit, s'y couche d'une seule pièce, et ne pense ni ne voit plus rien.

CHAPITRE XIII

LES FEMMES A L'ILE DE L'UTOPIE

L'île entière suit l'exemple de Théodose. Quelques éclats de voix isolés s'entendent encore, bientôt ils deviennent de plus en plus rares et cessent tout-à-fait. Alors, net et bien dessiné, retentit de temps en temps et dans toutes les directions quelque cri guttural alternant avec des sons rauques ; mais cette mélopée sauvage fait partie de la nature, aussi l'oreille accoutumée n'en saisit pas les sons et le sommeil n'en est pas troublé.

C'est le moment où une nouvelle existence va s'agiter. Des milliers d'êtres débouchent des crevasses, des tanières, courent dans la forêt, rampent le long des choses, grouillent informes, sans presque bouger de place, sautillent agiles et regardent avec des yeux de feu, se meuvent lentement dans un bruit étouffé. C'est le second degré de la vie qui succède au premier fatigué, jusqu'à ce que le premier reparaisse et fasse rentrer dans l'ombre ces comparses inférieurs.

Moitié hardi, moitié inquiet, chacun va cherchant sa proie ; quelques os broyés dans le silence font bien dresser l'oreille aux plus proches, mais ce bruit est monotone et la nouvelle victime que convoite la rude mâchoire se remet tranquillement à brouter.

Diminuée de quelques-uns et les autres bien repus, la gent nocturne commence à folâtrer ; les petits museaux hument à tous vents les senteurs matinales, l'oiseau de nuit, qui voit l'aube, commence à trébucher, l'insecte va et vient comme pour délier ses ailes, et doucement la couleuvre chemine vers son abri.

A cette retraite graduée succède graduellement de nouveaux acteurs qui, sous la feuillée, s'éveillent et gazouillent au jour qui paraît ; les plus paresseux, irrités de ce bruit, chantent pour le faire taire, et les autres plus fort détonnent à leur tour ; sans bouger de la branche de peur de perdre haleine, chacun fait rage dans le chœur, et le brouillamini le plus formidable salue le dernier lapin retournant au terrier.

Dans la basse-cour de Verdin, les espèces variées luttent à qui l'emportera sur l'autre par l'aigreur du cri ; les poules sonnent sans retenue la gloire de leur ponte et les canards braillent sur un ton méprisant. Théodose en est agacé et cependant il dort encore, mais son sommeil est dominé par ce bruit, et de faussets en faussets, un plus criard finit par l'éveiller.

Il songe à la journée de la veille, et maussade, fatigué, il retire ses effets, qu'il n'a pas quittés, puis, un peu remis par d'amples ablutions, il va chercher Verdin et ne rencontre que Nisia, qui lui explique que Verdin va revenir, qu'il est allé travailler.

— Comment, dit Théodose, il peut travailler le lendemain d'une fête pareille.

— Mais, dit Nisia, ces fêtes sont une habitude; d'ailleurs, hier, c'était jour de repos, nous nous sommes levés plus tard, en prévision de la fatigue. Nous nous sommes couchés à la même heure; vous voyez que l'ordre n'a pas été beaucoup troublé.

— Quoi, il n'était que dix heures?

— Dix heures et demie quand vous êtes rentré dans votre chambre. Si mon mari est fatigué, il ne travaillera pas tantôt. Vous savez que dès que ses quatre heures sont faites, il est son maître.

— Ah bien ! je suis moulu, et cependant je viens de me lever. Je me demande comment il est possible que Verdin ait déjà presque fait sa journée.

— C'est très-naturel, dit Nisia avec un fin sourire ; ces fêtes sont tellement journalières chez nous, qu'elles n'emportent pas d'entraînement, tandis que ceux pour qui elles sont nouvelles s'y laissent aller et s'y rompent l'esprit et le corps.

Théodose pensa à ce qui lui était arrivé et fit un signe d'acquiescement. Nisia poursuivit :

— Comme tout l'atelier de Verdin était à la noce, on avait décidé de venir le lendemain une heure plus tard au travail ; c'est ce qu'on fait d'habitude quand il y a des mariages ; comme cela, personne n'est indisposé. Nous dînerons aujourd'hui à onze heures, au lieu de dix.

A ce moment, Verdin entra.

—Ami, dit-il, en tendant la main à Théodose, viens avec nous manger les reliefs de la noce. Je change de vêtements et nous partons.

Théodose se laissa conduire. Il retrouva les mêmes magnificences de service, seulement les convives étaient bien moins nombreux et les plats beaucoup moins variés. Avec les restes trop petits, on avait confectionné d'excellents pâtés; les hors-d'œuvre foisonnaient toujours sur la table, le dessert avait encore une certaine apparence, et le tout était consolidé par un appoint de confortables rôtis.

Théodose, sans le vouloir, se déridait, d'autant qu'à ses côtés une femme entre deux âges, d'humeur avenante, lui causait joyeusement sans paraître prendre garde à sa mine. Des souvenirs, des épisodes abondaient dans sa conversation, tout cela, gai, vivement et agréablement conté. Insensiblement, Théodose prenait goût au dialogue, bientôt il en vint à questionner.

— Je ne me suis pas rendu compte, dans la cérémonie d'hier, si le mariage était indissoluble? dit-il à un moment.

— Indissoluble! reprit sa voisine avec vivacité, indissoluble, répéta-t-elle encore, l'union de deux êtres, alors que l'individu n'est pas si bien lié à lui-même que le bras ne puisse se détacher de l'épaule, la main se séparer du poignet, et vous voudriez qu'un rapprochement qui n'est que volontaire, qui n'occasionne aucune lésion en se disjoignant, puisse être indissoluble! Mais réfléchissez donc que rien n'est indissoluble au monde; ce qui ne peut être désagrégé par telle chose l'est par telle autre. Voilà tout.

— Alors, chez vous, on divorce comme on veut?

— On divorce par le même principe

qu'on se marie. Le mariage est l'accord pur et simple de deux volontés ; or, quand cet accord cesse, le mariage est forcément dissous. Ne sentez-vous pas que s'opposer au divorce, ce serait marier les gens contre leur gré? Et qui donc pourrait disposer d'un être autre que soi ?

— Ce que j'en disais, fit Théodose doucement, c'était en vue de mettre un frein aux passions.

— Ah! vous me donnez beau jeu, dit avec bonhomie la dame ; c'est en mettant un frein matériel que non-seulement on exaspère, mais encore qu'on fait naître les passions. Avez-vous jamais vu un cheval fringant attaché par la longe? Il est agacé, il tire de çà, il tire de là, et s'il rompt le licou, zeste! le voilà parti à perte de vue ; au contraire, laissez ce cheval en liberté, il regardera bien autour de lui, mais n'étant pas retenu, il ne s'éloignera guère. Ainsi fait l'homme.

Mon cher voyageur, soyez persuadé que l'espèce humaine est comme tout le reste de la création; elle se modifie suivant le milieu où elle existe. Si l'enfant est formé par des parents vertueux, mais qu'il se développe dans une société corrompue, il sera un équilibre entre le bon et le mauvais, parce qu'alternativement la société défera ce qu'aura fait la famille. Ici, l'homme ne dévie pas parce que la société est le soutien de tous. Ce qu'on enseigne à l'un, on l'enseigne à tous; ce qu'on fait pratiquer à un on le fait pratiquer à tous. Aussi, nul n'imagine de se soustraire à la loi générale. Nous enseignons le respect du mariage, comme nous enseignons le respect des parents, et l'un s'établit tout comme l'autre, sans lois, sans pénalités, par le simple fait que ce respect est naturel et que nous l'avons cultivé.

— Cela est beau, dit Théodose gravement. Je vais abuser de votre complaisance, mais dites-moi, ajouta-t-il, avec une certaine gêne, n'avez-vous point de religion? Je n'ai pas vu d'autel à l'Être-Suprême.

La voisine de Théodose jeta sur lui un regard doux et clair et répondit affectueusement :

« Il n'existe pour nous que la Nature et l'homme. Notre religion est le respect de l'humanité, parce que c'est seulement de l'amélioration de l'homme que doit résulter l'amélioration dans l'ordre des choses. La Nature emplit l'infini et nous vénérons la Nature, mais nous nous égalisons à elle, parce que la conscience de son Être est en nous, et que la conscience de ce qui Est donne forcément à qui la possède l'organisation de ce qui Est. Nature et homme, problème et science, voilà les deux éléments du savoir qui est l'Être. Donc, par la grandeur de la Nature, nous jugeons de notre propre grandeur. » Disant ces mots, le visage de l'Indienne s'était transfiguré ; il s'y réflétait une noblesse et une puissance hors ligne. Mais, reprenant aussitôt sa bonne et simple expression d'habitude, elle continua en souriant : « Si vous n'aviez pas vu la pièce d'hier, je pourrais espérer vous convaincre par l'explication d'une règle d'arithmétique, mais je vois qu'un cerveau habitué à l'erreur ne peut plus envisager la vérité d'un seul coup. Si ce point vous intéresse, je vous donnerai les principes de la Création à étudier ; c'est un tout petit calcul, simple comme un et un font deux, et sa simplicité même fait qu'il échappe à tous, comme ces belles découvertes qu'on est si fort étonné, quand on les connaît, de n'avoir pas imaginé. »

Théodose remercia, quoique se moquant en lui-même, imitant en cela l'intelligence de ceux qui rient des découvertes jusqu'à ce qu'elles soient appliquées et fonctionnent.

— Quelles sont vos principales lois, demanda à son tour la dame?

— Nos lois! fit Théodose étonné, vraiment, je les connais pour les suivre, mais je serais bien empêché de les traduire.

— Ah! est-il possible? Ici, dès qu'on commence à raisonner, c'est cela qu'on vous apprend. La première loi est que l'homme a en tous un lui-même, et qu'ainsi l'homme ne doit vouloir pour l'homme que ce que pour soi-même il voudrait. La seconde loi est que, punir au lieu d'améliorer, c'est ne valoir que ce que vaut le coupable, car, enfouir un criminel pour s'en débarrasser, c'est faire comme un médecin qui supprimerait le malade pour ne point le soigner; or, médecins qui se refusent à ceux qui souffrent; justes qui condamnent les pervers ne sont que bourreaux qui abattent ou condamnent les hommes pour s'éviter de soigner la plaie. La troisième loi...

— Vous avez bonne mémoire, madame, interrompit Théodose, mais je serais désespéré de vous fatiguer.

— Et moi de vous endormir, riposta affectueusement l'excellente personne.

— Oh! vous vous trompez, madame ; la preuve, c'est que je vais vous demander qu'est-ce qui fait ces lois ?

— Tout le monde, et tous les approuvent, les rectifient, les perfectionnent...

— Vous n'avez pas de chefs, pas de mandataires ?

— A la tête de chaque section de travail, il y a un comptable qui relève les états de production, les matières employées, le nombre d'ouvriers de la section; ce comptable reste un mois, puis il cède sa charge à un autre et tous s'y succèdent à tour de rôle. Ces états dressés servent à établir la quantité d'opérations faites et à répartir les bras suivant qu'une industrie en manque ou qu'une autre en emploie trop. On présente ce relevé dans les réunions, chacun peut en contrôler l'exactitude, aussi n'y a-t-il possibilité à aucune supercherie et on emploie pour tout le même système. Quelle que soit la rectification que vous vouliez faire, vous la posez nettement, on la discute, et la pluralité l'admet ou la rejette. Si vous croyez avoir raison et n'être pas compris, vous écrivez vos idées, ceux qui les trouvent fausses écrivent pour vous réfuter, et ainsi se forme le jugement.

— La femme, ici, est considérée égale à l'homme, probablement? demanda Théodose, après un instant de réflexion.

— La femme est partout mère et fille d'homme, répondit la dame étonnée. Mère, elle crée l'homme; fille, elle est créée par lui, et vous voyez que tour à tour, engendré, engendrant, chaque humain n'est qu'un chaînon de l'espèce et que le sang du premier coule dans le dernier comme dans tous, donc comment voulez-vous qu'un même sang puisse être inférieur et supérieur à la fois ? Quel est l'absurde ou l'ignorant qui oserait émettre une distinction entre le sang des pieds et de la tête d'un même individu ?

— C'est tout à fait ce que je me disais, madame, et je n'en parlais que pour me bien convaincre.

— Quoi ! vous aviez besoin d'être convaincu ?

— Oh ! non, madame, c'est que... » Théodose s'était enferré, il ne savait comment sortir de là ; fort à propos, à ce moment, on lui passa une tasse de café ; avec courtoisie il s'empressa de la poser devant sa voisine, en déclamant avec vivacité sur la saveur du café pris bouillant, puis il s'embarqua dans une digression sur l'hygiène de cette excellente boisson, son usage à Paris, etc., etc. La dame parut charmée; elle demanda à Théodose s'il en prenait souvent, il dit que oui, attendu que Nisia le faisait délicieux. « Mais j'y pense, ajouta-t-il, je partirai sans savoir leur nom, je veux toujours le demander et une chose ou l'autre me le fait oublier.

— Ils s'appellent Verdin et Nisia.

— Quoi, pas de nom de famille? Il n'y a pas d'illustration possible !

— Vous voulez dire qu'il n'y a pas d'usurpation possible, il faut s'illustrer soi-même.

— La femme pourrait bien prendre au moins le nom de son mari.

— Et pourquoi pas le mari celui de la femme? Ici on s'associe, mais on ne s'annihile pas, chacun reste soi. »

Sous prétexte de fumer, Théodose se leva. Les grands parents d'Ulmé, Verdin et Nisia, décidaient de reconduire le jeune ménage, qui parlait de se retirer. Tous lui ayant demandé de les accompagner, il accepta volontiers. Ulmé, Nise et sa sœur, prirent les devants et les deux familles suivirent lentement.

La maison des nouveaux mariés était comme toutes les autres pour la dimension, mais, comme toutes les autres aussi, elle était organisée au goût de celui qui l'habitait. Celle-ci s'élevait entre cour et jardin, très-simple, mais charmante à voir par l'élégance de son toit, la coupe et la disposition des ouvertures. Un délicat bas-relief tournant tout autour comme une guirlande était la seule ornementation. A l'intérieur, au rez-de-chaussée, immense salle de réunion où l'on mange, meublée de superbes dressoirs, de tableaux, de glaces se faisant face et reflétant une succession de salles; un piano à la française. Dans ce pays, l'endroit où l'on dîne est l'endroit où l'on vit, car c'est à table que l'on aime à goûter les arts ; aussi la salle à manger est le réceptacle du beau, de l'artistique. Les siéges sont de commodes fauteuils à jour, dans lesquels on n'a point chaud et où le corps peut s'appuyer à l'aise après la fatigue d'un bon repas, alors qu'on écoute quelque chant ou quelque déclamation.

Toujours au rez-de-chaussée, une pièce comme celle que Théodose occupe chez Verdin, puis, grand cabinet, lavabo et vaste cuisine. Au premier, trois belles chambres à coucher et autres cabinets de toilette; tout cela meublé dans les conditions de la salle à manger.

Verdin explique à Théodose que chaque ménage a une maison à soi ; que si les époux meurent laissant des enfants mineurs, les enfants étant recueillis par les familles, les maisons retournent à la société qui les rend à son tour à ceux qui se marient ; que si les parents laissent des enfants majeurs non mariés, ces enfants continuent, s'ils le veulent, à habiter la maison ; que, s'il ne reste qu'un enfant, il peut être obligé, si besoin est, de partager sa demeure avec un orphelin du même sexe, parce que de si vastes maisons ne peuvent pas être sacrifiées à un seul individu ; qu'enfin, on construisait des demeures suivant que la population allait croissant, et que, chacun à tour de rôle étant appelé à choisir entre les maisons laissées vacantes, chacun pouvait ainsi changer la sienne contre une qui convenait mieux, sans préjudice de l'échange volontaire qu'en pouvaient faire à chaque instant les occupants. Celle d'Ulmé et de Nise était d'ailleurs tout-à-fait à leur goût.

« Avec ce système, dit Théodose, on peut, à la rigueur, se consoler de n'avoir pas l'héritage de la famille, quoi que ce soit pourtant bien doux de laisser son bien à ses enfants.

— C'est très-drôle, comme tu ne te rends pas compte de la valeur des mots, fit Verdin ; tu parles tout à l'envers et tu sembles croire dire des choses fort sensées. Si tu comprenais ce que c'est que l'héritage particulier, tu n'oserais en parler que pour plaindre ceux qui l'admettent. Tiens, regarde cet arbre : mille rameaux s'y développent ; suppose pour un instant que, le temps de leur évolution accomplie, ces rameaux aient la possibilité de se transfuser en telle ou telle branche à leur choix ; tu vois d'ici l'aspect monstrueux de l'arbre, telle partie y acquerra bientôt le contour d'un tonneau, telle autre n'y aura que la chétivité d'une liane, et une fois les lois de la logique détruites, toute solidité cesse. Tantôt la partie lourde menace de casser d'elle-même, tantôt le côté maigre s'accroche au plus fort et risque de l'entraîner ; nulle harmonie, l'arbre est toujours prêt à choir ou se rompre. Telle est la société, par le simple fait de l'héritage de la famille ; au contraire, avec l'héritage naturel ou sociétaire, la fortune acquise par la société retourne à toute la société, comme la branche poussée sur l'arbre communique à son tour sa sève à tout l'arbre ; alors, le bien de ceux qui meurent est l'apanage naturel de ceux qui arrivent au monde, attendu que, superflu pour les autres qui vivaient bien avant, il est l'indispensable pour l'être nouveau qui, sans cela, n'aurait rien ou n'aurait quelque chose qu'en prélevant une part sur les vivants, et par là, chaque naissance serait un décroissement de fortune ; tandis qu'en faisant du bien de l'être passé le bien de l'être à venir, les naissances n'entraînent plus nulle privation pour les familles. »

Thédose n'écoutait guère ; il n'en pouvait

revenir que chacun fût logé comme un roi. Quand Verdin eut cessé de parler :

« Je pensais, lui dit-il, qu'il est bien heureux que vous ayez des chemins de fer, avec une ville d'une aussi grande étendue?

— Mon ami, répliqua Verdin, un progrès en occasionne un autre; ce n'est que parce que nous avons des chemins de fer que nous pouvons transporter ce que nous voulons où il nous plaît, que nous pouvons remplir la terre de nos demeures, sans pour cela nous isoler les uns des autres, et c'est par les machines que nous obtenons de ne chômer d'aucune richesse avec une somme de labeur qui ne donnerait même pas l'indispensable, si nous n'y employions que nos seuls bras. Voilà comment, par la science et son application, l'homme en arrive chaque jour à satisfaire de plus en plus ses goûts et diminuer de plus en plus sa peine. »

Ayant visité la maison, on s'assit dans le jardin, et, après s'être reposé et rafraîchi, les deux familles s'en retournèrent.

CHAPITRE XIV

RETOUR EN FRANCE. — MARIAGE DE THÉODOSE

DERNIER NAUFRAGE

A peu de temps de là, les habitants des îles voisines vinrent faire leurs échanges ; au départ, on leur remit Théodose et Mme Brunel. Le couple fut voyagé avec tous les soins possibles, de proche en proche, jusque dans les contrées où les vaisseaux relâchaient. Cette course dura vingt jours et ne fut qu'une longue fête. A peine arrivés, ils eurent occasion de s'embarquer ; le vaisseau les relâcha au premier port sur sa route, et, de là, ils se rembarquèrent de nouveau, cette fois pour la France.

Les relations de nos deux voyageurs devenaient de plus en plus froides ; depuis la scène de la noce, Mme Brunel était piquée, et Théodose n'avait rien fait pour reconquérir ses bonnes grâces; aussi la dame était-elle aigre-douce et Théodose indifférent. Ces quarante jours passés au milieu de mœurs si nouvelles avaient impressionné Théodose ; ses méditations pendant la traversée contribuaient à l'influencer; il en vint à faire le projet d'épouser une jeune fille pauvre, pour réaliser les vertus de l'île de l'Utopie. Un tel projet n'était pas ce qui devait le rapprocher de Mme Brunel, l'émérite coquette ; aussi leurs entretiens devenaient-ils de plus en plus rares. Au terme du voyage, Théodose offrit son adresse à la dame et la sollicita de lui donner la sienne, mais cela avec une politesse tellement glaciale, que Mme Brunel, outrée de dépit, répondit, sur le même ton, qu'elle allait probablement changer de résidence, et que, plus tard, elle lui ferait connaître sa nouvelle installation. Ainsi se termina l'entrevue.

Ce n'était pas sans aucun motif que Théodose avait fait ce projet d'épouser une jeune fille pauvre. Il y avait environ un an de cela, il s'était affolé d'une charmante enfant; c'était la fille de ses blanchisseurs; souvent elle venait seule; Théodose avait essayé de la corrompre, mais il avait été reçu avec mépris; furieux, mais à mille lieues de penser à épouser, il avait tourné ses galanteries ailleurs; mais, maintenant, le souvenir de cette jeune fille lui revenait, et, la trouvant digne d'être sa femme, non-seulement il n'hésitait plus, mais encore il lui tardait de se prononcer. Aussi, dès qu'il le put, il vint à Meudon visiter ses blanchisseurs, parla de choses et d'autres, puis, tout embarrassé, il demanda un entretien particulier au père et à la mère. Dans le tête-à-tête, il parla de l'humanité ; dit qu'il ne comprenait pas que ceux qui avaient de la fortune n'en fissent pas profiter les déshérités, et conclut en demandant la main de Laure, la fille aînée de la maison. Les parents, qui travaillaient depuis trente ans pour arriver bien mesquinement à vivre, crurent devoir lui témoigner de la reconnaissance, et on parla de consulter l'enfant.

— Ne pourrais-je savoir de suite sinon ce qu'elle décide, du moins ce que je puis espérer? demanda Théodose.

La mère, un peu interdite, n'osa cependant refuser, et dix minutes après elle reparaissait accompagné d'une admirable créature, blonde, grande, bien taillée, superbe d'existence.

On s'apercevait que cette jeune fille devait avoir habituellement une expression aisée et ouverte, mais, en ce moment, elle était on ne peut plus gênée ; sa belle fraicheur était devenue du cramoisi. Théodose, avec l'aisance que donne la fortune, s'approcha d'elle et, lui prenant la main : « Mademoiselle, dit-il, pardonnez-moi mon empressement, mais je serais si heureux d'emporter un mot d'espoir. » Sans doute, l'enfant avait été stylée par la mère, car elle répondit de suite : « Monsieur, je n'ai pas de motifs..... ; » mais en parlant sa voix tremblait et, les larmes arrivant à flot, elle ne put continuer. Théodose prit cela pour une émotion naturelle, et, baisant la main qu'il tenait toujours : « Je suis un brutal, fit-il avec une douceur infinie, pardonnez-moi, chère enfant, je vous laisse, soyez bonne ! »

Il prit congé et s'entendit avec les parents pour revenir bientôt. Quand il fut parti, on ne parla plus que de ce mariage. Laure avait un frère et une sœur presque en bas âge; le père et la mère parlaient souvent de ces petits tout en travaillant avec les ouvrières; ils disaient que si Laure acceptait ils n'auraient plus d'inquiétude; car, ajoutaient-ils, nous pouvons mourir ou l'un des deux seulement, et que deviendront alors ces pauvres malheureux? Nous nous faisons vieux, et ils sont loin d'être élevés. Ces propos et ceux semblables que tenaient les ouvrières pour faire plaisir à leurs patrons, sans cesse répétés devant Laure, lui faisaient comprendre que si elle refusait, ses parents l'accuseraient de sacrifier l'avenir de sa famille à un caprice. De plus, dans sa position, elle ne voyait pas possibilité à une union qui lui convînt, et, déplaisir pour déplaisir, elle se disait que, au moins, il valait mieux y gagner la richesse que d'y ajouter la misère; d'ailleurs, elle était belle, intelligente, elle avait le désir de vivre, et la misère, comme on le sait, n'est qu'un état végétatif. Aussi la cruelle certitude d'un avenir sans espoir la décida à choisir ce qui lui semblait le moins pire, et elle accepta.

Théodose, au comble de la joie, envoya sur-le-champ des présents magnifiques. La pauvre enfant, étourdie de ces splendeurs, hésitait chaque jour entre les posséder ou se dédire, et pas encore certaine le matin si elle dirait oui, elle se laissa habiller, puis conduire, croyant toujours pouvoir échapper ; mais comme nul miracle ne se fit, que la mairie ne croula pas, que le tonnerre ne vint foudroyer personne, elle n'osa reculer d'elle-même et signa.

Théodose emmena aussitôt sa femme à la campagne. Il possédait loin de Paris une grande propriété, il s'y établit pour y vivre définitivement.

Pendant deux années la nouveauté de la position tint Laure en suspens, elle ne s'avait si elle était heureuse ou non, mais avec l'habitude elle commença à tomber dans le marasme. Pour se distraire elle apprit à monter à cheval, et au hasard elle allait faire des excursions; cela la fatiguait et l'empêchait de penser. Théodose, usé par une jeunesse désordonnée, ne pouvait pas toujours l'accompagner et se dépitait qu'elle le laissât seul. Des observations d'abord douces, il en arriva insensiblement aux reproches ; l'humeur aidant, il devint plus malade et, par conséquent, plus acariâtre.

Le caractère ferme et posé de Laure contribuait aussi à exaspérer le vieux mari. Quand Théodose récriminait, Laure expliquait sa manière d'agir, et démontrant que cette manière était en tout loyale et juste, elle continuait tranquillement.

Sur ces entrefaites, il vint s'établir à côté d'eux une jeune veuve et sa mère. Les deux dames eurent bientôt fait connaissance avec

Laure, qui les charma de suite; du reste, la jeune veuve, gaie, aimable, spirituelle, enchantait non moins la pauvre ennuyée. Elles firent visite à Théodose, qui les reçut trop froidement pour qu'elles pussent décemment revenir; mais Marianne, la jeune veuve, engagea vivement Laure à venir se récréer ensemble. Laure se le promit bien et fréquenta très-assidûment ses voisines; il y avait souvent compagnie, et Laure y était fort remarquée à cause de sa beauté, mais elle avait une dignité si vraie, que même les femmes l'honoraient.

Pour le coup, Théodose n'hésita pas à se décerner le martyre; il se dit qu'il était victime de sa générosité, que sa femme n'était qu'une ingrate, qu'il fallait sévir, se montrer, et il médita un grand effet.

Un soir que Laure rentrait d'une soirée chez Marianne, qu'elle avait quittée à dix heures, le domestique la prévint que monsieur l'attendait.

Laure avait ce jour-là, comme d'habitude, une robe de mousseline blanche et une rose dans ses cheveux. Rien n'était plus joli qu'elle ainsi. Elle entra paisiblement dans la chambre de Théodose. Celui-ci, à la vue de tant de beauté, sentit redoubler sa rage jalouse.

—Bonsoir, mon ami, dit-elle, je craignais que vous ne fussiez malade.

—Je suis, en effet, très-malade, fit Théodose mâchonnant ses paroles; je suis révolutionné de votre audace, madame! exclama-t-il tout d'un coup avec furie.

— Je vous engage à vous calmer, mon ami, si vous ne voulez devenir sérieusement malade, dit froidement Laure, et elle s'assit.

Théodose s'était à demi soulevé sur son fauteuil; il y retomba, abasourdi devant le calme de sa femme. Comme elle vit qu'il allait se récrier de nouveau :

— Laissez-moi parler, dit-elle d'un ton froidement digne, et après vous jugerez : « En achetant ma jeunesse avec votre fortune, vous ne vous êtes point dépossédé ; j'entends que vous n'êtes pas devenu pauvre par ce fait, mais que, bien au contraire, vous y avez gagné un élément de distraction par l'acquisition d'un être jeune qui vous plaisait. Il est bien équitable que ma jeunesse aussi me soit laissée ; c'est mon apport auquel je vous ai associé, comme vous vous m'avez associée au vôtre ; et ma jeunesse enfouie, claquemurée, ne serait pas plus ma jeunesse que votre trésor dérobé ne serait votre trésor. Aussi, jeune et épousée pour cette jeunesse, je prétends continuer à vivre en jeune, puisque vous, riche et épousé pour cette richesse, vous continuez à vivre en riche. Vous comprenez, maintenant, n'est-ce pas, mon ami, qu'il faut vous accommoder de me voir rechercher la distraction qui convient à mon âge, tout comme moi je m'accommode de vous voir déguster les excellents crûs qui conviennent à vos revenus. »

Laure s'arrêta de parler. Théodose, l'œil fixe, la bouche ouverte, l'écoutait toujours.

— Oh! monstre, vociféra-t-il, reprenant en sursaut ses esprits; créature perverse, moi qui ai fait ton bonheur·

— Le vôtre! vous voulez dire.

— Et le tien, je suppose.

— Le mien? Non. Le bonheur est l'harmonie, et notre union ressemble à un être dont la tête serait flétrie et le corps à peine formé. Une aussi sinistre dissonnance est-elle l'harmonie? Que la tête vieille soit assez sénile pour se réjouir de cette greffe, le corps vivace ainsi atrophié pourra-t-il éclater d'allégresse? Le mieux est qu'il y perde la force de penser. Mais quel tableau, monsieur; n'est-ce point assez?

— Si, madame, c'est assez, dit Théodose... Ah! fit-il en sanglotant, ah! pourquoi m'avoir épousé?... Sa douleur était si immense, si vraie, que Laure se précipita vers lui; elle l'embrassa sur le front, toute remuée par cette souffrance. Lui, la laissait faire, inerte, abimé dans son désespoir. Tout-à-coup, comme galvanisé, il se dressa terrible, menaçant :

— Si j'ai voulu mon bonheur, j'ai voulu aussi le vôtre, infâme! Vous étiez une misérable condamnée à la détresse, aux mauvais traitements, peut-être, et je vous ai mise dans un nid de richesse, d'adoration, et vous venez dire que je n'ai pas fait votre bonheur?

—Non, reprit Laure, regardant Théodose d'un œil limpide et laissant tomber une à une ses paroles; non. Pour faire le bonheur d'un déshérité, il faut lui en donner les moyens et lui laisser choisir son bonheur à son gré; pour faire mon bonheur à moi, pauvre fille condamnée au célibat ou au mari brutal et grossier, il fallait me donner la dot qui m'eut permis de choisir l'époux de mon choix. Au lieu de cela, pour prix de vos richesses, vous vous êtes imposé... Tenez, ajouta-t-elle lentement, lui désignant leurs deux visages reflétés dans la glace, n'ai-je pas donné autant que vous?... »

Prononçant ces paroles, Laure eût un sourire d'une tristesse sans borne.

Théodose regardait, hébété, inconscient; enfin, il tressaillit :

— Éloignez-vous, dit-il, je vous le demande en grâce.

Sa tête s'était baissée; Laure attendit quelques secondes, puis le voyant toujours dans la même posture, elle sortit sans proférer une parole.

Le lendemain, sa femme de chambre lui annonça que monsieur était bien malade, que Joseph toute la nuit avait dû le soigner, mais que monsieur avait défendu qu'on avertit madame. Laure se rendit de suite près de son mari, il ne l'a reconnût pas. Quelques instants plus tard, le médecin déclarait que Théodose avait une fièvre chaude.

Le délire dura huit jours; quand le malade revint à lui, il n'avait plus que le soufle; la fièvre l'avait miné. Depuis qu'il avait recouvré la raison, il était d'une taciturnité obstinée; pas un mot, rien; son œil mécontent ou indifférent était sa seule manière de s'expliquer. Il allait de plus en plus mal. Une nuit, il sembla à Laure que le malade prononçait son nom; elle se pencha vivement vers le lit et écouta, retenant sa respiration. Théodose répéta et fit signe des yeux qu'elle ne s'était pas trompée. La jeune femme se leva et s'approcha tout près.

— Laure, dit Théodose, malgré mon délire, je vous ai vue me soigner, mon enfant ; vous êtes une digne créature, et je déplore ma fatale illusion... J'étais sincère cependant !... le beau enthousiasme !... j'ai voulu imiter !... Pauvre automate, j'ai cru pouvoir agir en homme, et je n'ai fait que mutiler en insensé... L'homme est un sommet et on n'y arrive que par échelon... j'étais en bas, j'ai tiré à moi ce qui me dépassait et j'ai ainsi pensé m'élever vers le sommet !... Il est trop tard !...

Il s'arrêta, regarda ineffablement Laure, qui pleurait.

« C'était bien beau, mon enfant, l'île de l'Utopie !... l'île de la Vérité, reprit-il pieusement, car c'était bien vrai ! » Puis, après un silence, il tendit ses mains vers la jeune femme; elle les lui serra tendrement et ne trouva à dire que : « Mon ami » ; elle le croyait fou. « Adieu, mon enfant, murmura Théodose... Pardon, ma fille, » fit-il encore comme en un soupir, et il expira.

LÉONIE ROUZADE

6 septembre 1872.

TABLE DES MATIERES

Chapitre	I.— Le naufrage	5
—	II. — L'île de l'Utopie	13
—	III. — Le déjeuner	27
—	IV. — Discussion orageuse	41
—	V. — La présentation	65
—	VI. — Une rencontre	77
—	VII.— L'or et le travail	101
—	VIII. — Maître Zénon	121
—	IX. — Une singulière comédie	137
—	X. — Gouvernement utopique	151
—	XI. — Tête-à-tête remarquable	171
—	XII.— Un mariage à l'île de l'Utopie	189
—	XIII.—Les femmes à l'île de l'Utopie	209
—	XIV.—Retour en France.—Mariage de Théodose. — Dernier naufrage	233

IMPRIMERIE MODERNE (ASSOCIATION OUVRIÈRE — BARTHIER, Dʳ)
61, RUE JEAN-JACQUES-ROUSSEAU, 61

OUVRAGES DU MÊME AUTEUR

Connais-toi toi-même.
Le Roi Johanne.

POUR PARAITRE PROCHAINEMENT

Le Monde renversé.

EXTRAIT DU CATALOGUE GÉNÉRAL
de la Librairie E. LACHAUD

L'Internationale, par Oscar Testut..................
Le **Siége de Paris**, par Francisque Sarcey. Prix franco.
Le **Siége de Paris raconté par un Prussien**, traduction ....
L'Invasion, par Albert Delpit..................
Les **31 Séances officielles de la commune**..
Le **Pilori des communeux**, par Henry Morel....
L'Armée nouvelle, par Maxime Lehaussois........
Abrégé de l'Art de la Guerre, par L.-N. Rossel.
Paris Brûle, par Frédéric Fort..................
Les **Ruines de Paris**, par Francisque Sarcey.......
Paris Sauvé, par Léon de Villiers et Georges de Targes.
Les **Hommes du moment**, par Bellin du Coteau..
Rapport sur la campagne de l'Est, par M. Juteau..................
Les **Communeux**, par J.-B. Lacombe..................
Monsieur de Rochefort, par J.-B. Lacombe.....
Almanach de Versailles..................
Almanach théâtral, par Gustave Lafargue........
Les **Aventures d'un suicidé**, par Tony Révillon..
La **Bataille de Berlin en 1875**, par E. Dangin..
L'Abus et l'Usage dans l'union des sexes, par le Dr Gourier..................

Imprimerie Moderne, Barthier D', rue J.-J.-Rousseau, 61

www.ingramcontent.com/pod-product-compliance
Lightning Source LLC
Chambersburg PA
CBHW070647170426
43200CB00010B/2153